W0261131

ALLE ZEIT WACH
1842

Doris Maas
Wolfgang H. Meith

Die UNIX-Shell

Eine Einführung

Springer-Verlag
Berlin Heidelberg New York Tokyo

Doris Maas
Wolfgang H. Meith
Nixdorf Computer AG, Geschäftsbereich FIS
Fürstenallee 7, D-4790 Paderborn

ISBN-13: 978-3-540-15167-8 e-ISBN-13: 978-3-642-70275-4
DOI:10/1007/978-3-642-70275-4

CIP-Kurztitelaufnahme der Deutschen Bibliothek. Maas, Doris: Die UNIX Shell : e. Einf. / Doris Maas ; Wolfgang H. Meith. - Berlin; Heidelberg; New York; Tokyo : Springer, 1985.

NE: Meith, Wolfgang H.

Druck und Bindearbeiten: Weihert-Druck GmbH, Darmstadt
2145/3140-543210

Inhaltsverzeichnis

1 Einleitung und Wegweiser für den Leser 1

2 Einführung in die Shell 3
2.1 Aufruf von System-Kommandos 4
2.1.1 Standardeingabe, Standardausgabe 4
2.1.2 Parameter und Optionen 5
2.1.3 Pipes 6
2.1.4 Hintergrundverarbeitung 7
2.2 Dateisystem 7
2.2.1 Dateiarten 8
2.2.2 Anlegen und Löschen von Dateien und Verzeichnissen 8
2.2.3 Hierarchien 9
2.2.4 Alias-Namen für Dateien (Links) 14
2.2.5 Zugriffsrechte und Schutz von Daten 16
2.3 Abkürzen von Dateinamen (Pattern matching) 19

3 Sprachbeschreibung 21
3.1 Shell-Prozeduren 22
3.1.1 Suchpfad 22
3.1.2 Eigene Prozeduren 23
3.2 Formale Parameter und Variablen 24
3.2.1 Zuweisung 24
3.2.2 Escape-Mechanismen für Shell-Symbole 26
3.2.3 Standard-Variablen 27
3.2.4 Bedingte Zuweisung 28
3.2.5 Einsetzen von Kommando-Ergebnissen 29
3.2.6 Kommentare 30
3.3 Kontrollstrukturen 31
3.3.1 Sequenz 31
3.3.2 Unterprogramme 32
3.3.3 Verzweigung 33
3.3.4 Schleifen 35
3.4 Ein- und Ausgabe 38
3.4.1 Umlenken der Ein- und Ausgabe 38
3.4.2 Eingaben aus einer Shell-Prozedur 39
3.4.3 Schließen von Dateien 40
3.4.4 Kopieren von Dateibeschreibungsnummern 40
3.5 Prozeßverwaltung 41
3.5.1 Kreieren von Prozessen 41
3.5.2 Konkurrierende Prozesse 44
3.5.3 Vererbung von Dateibeschreibungsnummern 45
3.6 Interrupts 46
3.6.1 Signale 46
3.6.2 Abfangen von Interrupts 47
3.7 Umgebung 48
3.7.1 Verändern der Umgebung 48
3.7.2 Globale Variablen 49
3.7.3 Debugging von Shell-Prozeduren 50
3.8 Grenzen der Shell 51

4 Allgemeine Anwendungen ... 53
4.1 Sonstige Kommandos ... 54
4.1.1 Login ... 54
4.1.2 Abfrage des Systemzustands ... 57
4.1.3 Textausgabe ... 60
4.1.4 Programmende ... 60
4.2 Dateiverwaltung ... 61
4.2.1 Verzeichnisse ... 61
4.2.2 Dateien ... 66
4.2.3 Schutzmechanismen ... 67
4.2.4 Bewegen im Verzeichnisbaum ... 70
4.3 Dateiverarbeitung ... 71
4.3.1 Suchen und Bearbeiten ... 71
4.3.2 Vergleichen ... 85
4.3.3 Größenbestimmung ... 90
4.3.4 Duplizieren, Verketten, Ausgeben ... 92
4.4 Arithmetik ... 97

5 Büroautomation ... 99
5.1 Zeit- und Terminüberwachung ... 99
5.1.1 Digitaluhr ... 99
5.1.2 Terminkalender ... 100
5.2 Electronic Mail ... 101
5.2.1 Persönliche Post ... 101
5.2.2 Kommunikation ... 103
5.2.3 Rundschreiben ... 105

6 Programmierwerkzeuge ... 107
6.1 Editoren ... 107
6.1.1 Zeilenorientierter Editor ed ... 107
6.1.2 Programmierbarer Stream-Editor sed ... 114
6.2 Sprachen ... 117
6.2.1 Shell ... 117
6.2.2 C ... 119
6.2.3 Pascal ... 126
6.3 Testsystem ... 128
6.3.1 Dump ... 128
6.3.2 Zeitmessung ... 129
6.4 Verwaltung ... 131
6.4.1 Produktion ... 131
6.4.2 Versionskontrolle ... 137
6.5 Spezielle Kommandos ... 157
6.5.1 Ein- und Ausgabe ... 157
6.5.2 Berechnung ... 158
6.5.3 Prozesse, Prioritäten und Umgebung ... 160

A1 Anhang 1: Stichwortverzeichnis ... 165

A2 Anhang 2: Shell-Kommandos ... 169

A3 Anhang 3: ASCII-Code-Tabelle ... 173

1 Einleitung und Wegweiser für den Leser

Sehr geehrte(r) Leser(in),

vor Ihnen liegt die Beschreibung der interaktiven Kommando- und Prototyping-Sprache **Shell** des UNIX-Betriebssystems (UNIX ist ein eingetragenes Warenzeichen von Bell Labs). Dieses Buch wendet sich sowohl an denjenigen, der die Shell benutzt, um Dienstprogramme aufzurufen, als auch an den Programmierer, der mit Hilfe der Shell einfache Anwendungen realisiert bzw. Prototypen für Anwendungen erzeugt.

Die Shell-Dokumentation ist folgendermaßen aufgebaut:

- Kurze Einführung, die es dem Benutzer ermöglicht, Dienstprogramme aufzurufen und sich im Dateisystem zu bewegen.
- Vollständige Beschreibung der Kommando- und Prototyping-Sprache Shell.
- Vollständige Beschreibung der wichtigsten Dienstprogramme der Shell. Jedes Kapitel entspricht dabei einem bestimmten Arbeitsgebiet, so daß ein benötigtes Kommando leicht gefunden wird.

Die gesamte Dokumentation ist so aufgebaut, daß sie wie ein Lehrbuch durchgearbeitet werden kann. Die Abschnitte sind reichlich mit Beispielen versehen, die die Funktionsweise demonstrieren und am Terminal ausprobiert werden sollten. Jeder Abschnitt enthält zusätzlich eine eigene kurze Einleitung, die Ihnen einen Überblick verschafft und als Wegweiser verstanden werden will.

Abhängig von Ihren Interessen gehen Sie bitte folgendermaßen vor:

- Falls Sie die Shell nur als Kommando-Sprache zum Aufrufen von Dienstprogrammen benötigen, lesen Sie bitte das Kapitel „Einführung in die Shell".
- Falls Sie Anwendungen in Shell schreiben wollen und keine oder geringe Vorkenntnisse besitzen, lesen Sie bitte die Kapitel „Einführung in die Shell" und „Sprachbeschreibung".
- Wenn Sie ein Dienstprogramm zu einer bestimmten Aufgabe suchen, schlagen Sie bitte das Inhaltsverzeichnis auf, suchen das entsprechende Kapitel heraus und entscheiden anhand der Einleitung dieses Kapitels, welches Kommando für Sie in Frage kommt.
- Wenn Sie ein Kommando bereits namentlich kennen und Zusatzinformation über seine Anwendung benötigen, so finden Sie im Anhang eine alphabetische Liste der wichtigsten Kommandos mit einem Verweis auf die zugehörenden Beschreibungen.

2 Einführung in die Shell

Diese Einführung erläutert, wie Dienstprogramme aufgerufen werden und wie der Benutzer seine Dateien organisieren kann. Sie gliedert sich in drei Abschnitte mit folgenden Inhalten:

- Der Aufruf von Dienstprogrammen und das Versorgen der Programme mit Parametern und Optionen wird erläutert. Dateien werden angelegt und mit Hilfe der Dienstprogramme bearbeitet. Mehrere Programme werden zusammengefaßt und gleichzeitig ausgeführt.
- Es wird erklärt, was Hierarchien von Dateien sind und wie man sie sinnvoll nutzt, wie Verweise auf andere Dateien gesetzt werden und wie man seine Datenbestände vor anderen und vor sich selbst schützt.
- Zum Schluß folgen noch einige Angaben zum Abkürzen von Dateinamen und zum vereinfachten Ansprechen von Dateien mit ähnlichen Namen.

In den Beispielen sind die vom Benutzer einzugebenden Kommandos **fett** gedruckt, während die Ausgaben des Systems normal dargestellt sind. Das „**$**" am Zeilenanfang ist das Standard-Zeichen, mit dem die Shell, der Kommando-Interpreter des Betriebssystems, eine Eingabe fordert.

Doch zunächst einige Worte zum Anmelden in UNIX:

Sobald der Systemverwalter einen Benutzer-Namen für Sie eingerichtet hat, können Sie sich bei Erscheinen des Textes „login:" mit Ihrem Benutzer-Namen (hier z. B. meier) anmelden:

login: **meier**

Da anfangs noch kein Paßwort für den Benutzer angelegt ist, genügt diese Angabe. Sobald ein Paßwort existiert, wird es durch

Password:

abgefragt. Die Eingabe erfolgt verdeckt.

Die **Shell** meldet sich mit „**$**", sobald eine Eingabe erwartet wird.

Ein Schlüsselwort legen Sie sich durch Aufruf des Dienstprogramms

$ passwd

selbst an.

Achtung: Ein Schlüsselwort kann aus dem System nicht wieder gelesen und auf keine andere Art als über **passwd** verändert werden. Falls Sie Ihr Schlüsselwort vergessen, muß es vom Systemverwalter gelöscht werden!

Das Abmelden erfolgt durch Betätigung der Tasten <CTL-d> im Kommando-Modus. (Es ist möglich, daß die Tastenbelegung auf Ihrem System anders ist. In diesem Falle sollten Sie sich an Ihren Systemverwalter wenden!)

2.1 Aufruf von System-Kommandos

Einfache **Kommandos** bestehen nur aus dem Namen eines Dienstprogramms.

$ who

z. B. listet die Namen der im Augenblick angemeldeten Benutzer (und einige Zusatzinformationen) auf.

2.1.1 Standardeingabe, Standardausgabe

Die (meisten) Kommandos schreiben ihre Ausgabe nicht direkt auf das Terminal, sondern in eine fiktive Datei **Standardausgabe**. Diese ist normalerweise mit dem Bildschirm des Terminals verbunden. Umlenken der Ausgabe in eine Datei erfolgt durch Anhängen von „> dateiname" an ein Kommando:

$ who > whodatei

schreibt die Liste der angemeldeten Benutzer in die Datei whodatei. Falls nötig, wird eine Datei mit dem angegebenen Namen angelegt.

Achtung: War bereits eine Datei mit Namen whodatei vorhanden, wird deren Inhalt überschrieben!

ls

listet die Dateien in dem Verzeichnis auf, in dem Sie sich gerade befinden (aktuelles Verzeichnis).

Ein Anhängen von Daten an eine bestehende Datei geschieht durch „>> dateiname". Ist keine Datei mit dem angegebenen Namen vorhanden, so hat „>>" die gleiche Wirkung wie „>".

$ who >> datei1
$ ls >> datei1
$ who >> datei1

schreibt nacheinander die Liste der Benutzer, die Liste der Dateien und nochmals die Liste der Benutzer in die Datei datei1.

Das Gegenstück zur Standardausgabe ist die **Standardeingabe**. Kommandos, die Eingaben erwarten, lesen von der fiktiven Datei Standardeingabe, die automatisch mit der Tastatur verbunden ist. Das Kommando cat z. B. liest von der Standardeingabe bis zur Eingabe der Tasten <CTL-d> in einer leeren Zeile und schreibt die gelesenen Zeichen unverändert nach Standardausgabe:

$ cat
Eingabetext für cat, der einfach kopiert wird.
Beendet wird cat durch Betätigung
der Tasten <CTL-d> in einer neuen Zeile
<CTL-d>

Der Text wird auf dem Bildschirm wiederholt. Im folgenden Beispiel wird die Standardeingabe durch Anhängen von „< dateiname" umgeleitet:

$ cat < datei1

zeigt den Inhalt der Datei datei1 an. Das Ende von datei1 wird dabei automatisch erkannt.

Standardeingabe und **Standardausgabe** können gleichzeitig umgelenkt werden, indem Sie sowohl „< dateiname1" als auch „> dateiname2" bzw. „>> dateiname2" an ein Kommando anhängen.

Achtung: Es darf auf keinen Fall die gleiche Datei für Ein- und Ausgabe angegeben werden! Gleiche Dateien führen bei bestimmten Kommandos dazu, daß der Dateiinhalt verloren geht!

2.1.2 Parameter und Optionen

Parameter und **Optionen** werden durch ein oder mehrere Leerzeichen vom Kommando und untereinander getrennt. **Parameter** sind frei wählbar und beschreiben meist die Daten, auf die ein Kommando wirkt. Diese werden, abhängig vom Kommando, direkt angegeben wie z. B. bei

$ echo hallo

(gibt den Text „hallo" aus) oder es wird eine Datei, z. B. bei

$ cat whofile

(hat hier die gleiche Wirkung wie „cat < whofile"), angesprochen. Falls ein Parameter Leerzeichen enthält, so muß er in Anführungszeichen eingeschlossen werden. Ansonsten würde die Shell ihn nicht als einen einzigen Parameter erkennen, sondern nach jedem Leerzeichen einen neuen identifizieren.

$ echo hallo, Hans Meier

Optionen beginnen mit einem - (Minuszeichen) und werden dazu benutzt, die Ausführung des Kommandos genauer festzulegen. Zu jedem Kommando können nur ganz bestimmte Optionen angegeben werden. Z. B. zeigt

$ ls -l

außer den Dateinamen des aktuellen Verzeichnis zusätzliche Informationen zu jeder Datei an. Mehrere Optionen eines Kommandos werden gemeinsam angegeben:

$ ps -lxa

listet die Prozesse aller Benutzer (-a), die Systemprozesse (-x) und Zusatzinformationen (-l) auf.

Optionen und **Parameter** können Sie auch zusammen angeben:

$ ls -l whodatei

zeigt Ihnen nur die Informationen zur Datei whodatei im aktuellen Verzeichnis.

2.1.3 Pipes

Programme, die von Standardeingabe Daten einlesen bzw. Daten nach Standardausgabe schreiben, können auf elegante Weise durch eine **Pipe** zusammengebunden werden, um z. B. das Anlegen einer temporären Datei zu umgehen. Dazu wird ein **|** (senkrechter Strich) zwischen den Kommandos angegeben. Dies bewirkt, daß die Standardausgabe des links stehenden Kommandos als Standardeingabe des rechts stehenden Kommandos gelesen wird. Im Beispiel

$ who | wc

schreibt who die Liste der angemeldeten Benutzer nach Standardausgabe. Wc liest die Standardeingabe, also die Ausgabe von who, zählt die gelesenen Zeilen, Wörter und Buchstaben und gibt das Ergebnis dann nach Standardausgabe, jetzt der Bildschirm, aus. Natürlich können Sie in einer Pipe auch Parameter und Optionen angeben:

$ cat whodatei datei1 | sort

Die Dateien whodatei und datei1 werden nacheinander von cat nach Standardausgabe geschrieben. Sort sortiert sie gemeinsam zeilenweise in alphabetischer Reihenfolge und gibt sie am Bildschirm aus.

Pipes können beliebig lang werden:

$ ls | tee lsdatei | sort -r | pr > lsliste

Die Liste der Dateien wird von ls erzeugt, von tee sowohl weiter nach Standardausgabe als auch in die Datei lsdatei geschrieben, von sort -r rückwärts sortiert, von pr mit einer Kopfzeile und Seitennummer versehen und in der Datei lsliste abgestellt.

Innerhalb einer Pipe ist ein Umlenken von Standardein- und -ausgabe nicht möglich. Das erste Kommando der Pipe kann aber von Standardeingabe lesen, während das letzte nach Standardausgabe schreiben kann. Falls ein Zwischenergebnis benötigt wird, so kann es mit tee in eine beliebige Datei kopiert werden.

2.1.4 Hintergrundverarbeitung

Zeitintensive Kommandos können durch Anhängen des Zeichens „&" im Hintergrund ausgeführt werden; d. h. schon während das Kommando ausgeführt wird, können Sie am Terminal weitere Kommandos starten. Beim Start eines Kommandos im Hintergrund wird am Bildschirm die Prozeßnummer angezeigt, mit der das Kommando ausgeführt wird.

$ ps -xal > psdatei &
123

listet alle Prozesse im System auf und schreibt das Ergebnis nach psdatei. Beachten Sie, daß die Standardausgabe des Hintergrund-Kommandos ebenfalls das Terminal ist. Ausgaben nach Standardausgabe würden also ggf. mit denjenigen der im Vordergrund ablaufenden „gemischt". Z. B. liefert

$ ps -xal &
125
$ ls

je nach zufälligem Zeitverhalten im System eine gemischte Ausgabe der beiden Kommando-Ergebnisse.

Natürlich können auch Pipes und mehrere Kommandos gleichzeitig im Hintergrund gestartet werden:

$ ls | sort -r | pr > lsliste &
134
$ cat whofile datei1 | sort > sortwho &
137

2.2 Dateisystem

Eine Datei im Sinne des UNIX-Dateisystems besteht aus einer zusammenhängenden Reihe von Bytes ohne jegliche Formatierung. Die Shell greift grundsätzlich nur sequentiell auf eine Datei zu. Dabei macht sie keinen Unterschied, ob sich die Datei auf der Platte befindet oder ob es sich um Drucker, Tastatur oder Display handelt, die ebenfalls wie Dateien behandelt werden.

Das folgende Kapitel beschreibt

- verschiedene Dateiarten,
- das Erzeugen und Löschen von Dateien und Verzeichnissen,
- Hierarchien von Dateien und wie man sich in ihnen bewegt,
- Alias-Namen und
- den Datei-Schutzmechanismus

2.2.1 Dateiarten

UNIX unterscheidet drei Arten von Dateien:

- Dateien (Normale Dateien),
- Verzeichnisse,
- Gerätedateien (Spezialdateien).

Alle Dateien, Verzeichnisse und Gerätedateien sind in eine hierarchische Baumstruktur eingebunden. Ihre Verwaltung erfolgt über Verzeichnisse. Von der Shell werden Dateien und Gerätedateien auf die gleiche Weise angesprochen. Die Standardeingabe- und Standardausgabe-Dateien sind bereits bekannt.

Dateien bestehen aus einer linearen Folge von Bytes und können beliebige Informationen wie Stammdaten und Textinformationen, aber auch Sourcecode oder Objectcode enthalten. Dateien werden während der Anwendung dynamisch vergrößert oder verkleinert. Eine Vorformatierung oder Platzreservierung ist deshalb nicht notwendig.

Verzeichnisse sind Dateien, die Informationen über Dateien oder andere Verzeichnisse zum Inhalt haben.

Verzeichnisse ermöglichen Ihnen zum Beispiel eine Gliederung von Dateien nach den jeweiligen Anwendungsgebieten und bieten Ihnen damit die Möglichkeit einer übersichtlichen Strukturierung Ihres Datenbestands. Alle Verzeichnisse sind in sich wiederum hierarchisch gegliedert und beginnen mit dem Wurzelverzeichnis (root), das durch einen Schrägstrich (/) angesprochen wird. Das Wurzelverzeichnis und einige weitere wichtige Verzeichnisse, z. B. /dev werden vom Betriebssystem selbst verwaltet. UNIX erlaubt dem Benutzer beliebig viele Verzeichnisse.

Gerätedateien werden genauso adressiert und behandelt wie Datendateien. In dem speziellen – vom System verwalteten – Verzeichnis /dev werden alle Gerätenamen eingetragen.

2.2.2 Anlegen und Löschen von Dateien und Verzeichnissen

Wenn Sie sich als Benutzer zum ersten Mal einloggen, gibt es bereits eine Reihe von Verzeichnissen. Ein Verzeichnis, in das später Dateien eingetragen werden sollen, legen Sie mit folgendem Kommando an:

$ mkdir test22

Das Verzeichnis mit dem Namen test22 wird dann innerhalb des Verzeichnisses angelegt, in dem Sie sich gerade befinden (aktuelles Verzeichnis).

$ cd test22

Wenn die Shell dieses Kommando ausgeführt hat, befinden Sie sich im Verzeichnis test22 selbst.

Wie man eine Datei durch Umlenken der Standardausgabe anlegt, ist bereits bekannt. Allgemein kann man sagen, daß eine Datei immer dann angelegt wird, wenn man versucht, Daten in eine noch nicht existierende Datei zu schreiben.

Noch einmal ein Beispiel zum Anlegen einer Datei:

$ ls -l >listdatei

Mit diesem Kommando werden die Informationen über alle Dateien aus dem aktuellen Verzeichnis in die Datei listdatei umgeleitet. Listdatei können Sie sich mit dem Kommando

$ cat listdatei

am Bildschirm ansehen. Das Kommando

$ rm listdatei

löscht die Datei wieder.

Ein Verzeichnis kann man nur dann löschen, wenn es leer ist. Dies bedeutet, daß im Verzeichnis keine Datei mehr eingetragen sein darf. Das Kommando

$ rmdir test22

löscht das Verzeichnis test22, wenn es leer ist. Dabei ist zu beachten, daß das aktuelle Verzeichnis, in dem Sie sich gerade befinden, nicht gelöscht werden kann.

2.2.3 Hierarchien

Das gesamte UNIX-Dateisystem ist hierarchisch in Form einer Baumstruktur gegliedert. Es beginnt mit dem Wurzelverzeichnis / (root). In der Ebene darunter befinden sich bereits bekannte Verzeichnisse, so z. B. das Geräteverzeichnis /dev, das Verzeichnis der Shell Kommmandos /bin, sowie das Benutzerverzeichnis /usr.

Nach dem Anmelden im System befindet sich der Benutzer automatisch in dem für ihn bestimmten Verzeichnis. Es wird Login-Verzeichnis genannt und vom Systemverwalter für ihn angelegt. In diesem Verzeichnis kann er dann je nach Erfordernissen einstufige und/oder mehrstufige Strukturen aufbauen. Was man darunter versteht, zeigen die folgenden Seiten.

Verzeichnishierarchie

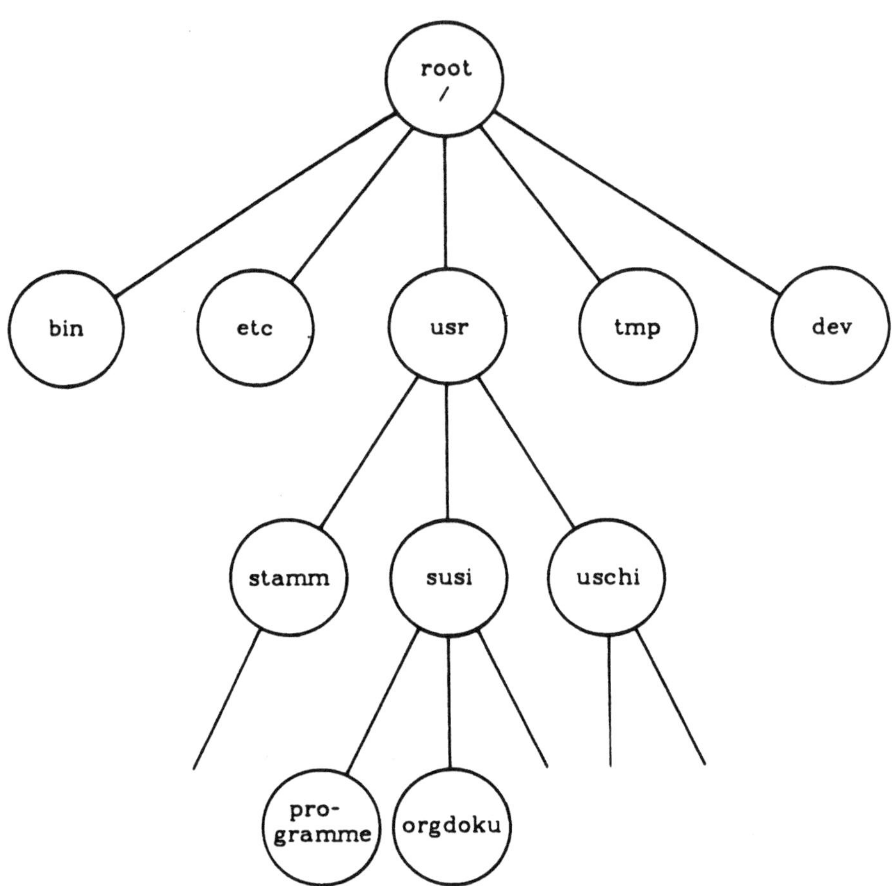

Die einfachste Möglichkeit für den Benutzer, seine Dateibestände zu organisieren, ist die **flache Struktur**.

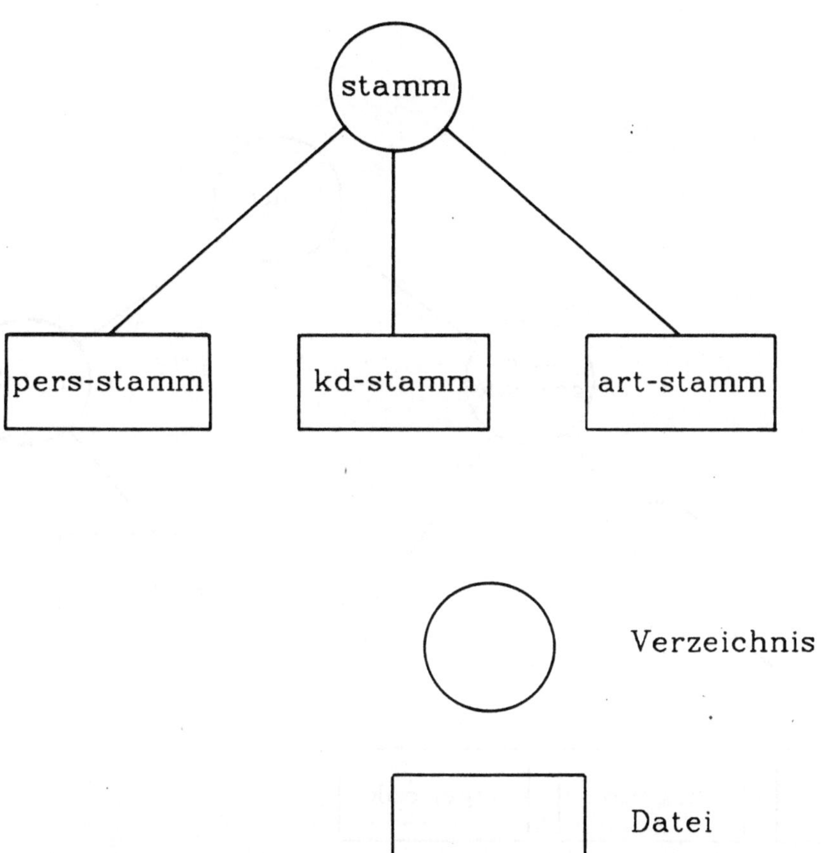

Eine intelligentere, weil weitaus übersichtlichere Form der Datenhaltung ist gemäß der Logik der Daten gegliedert und wird **mehrstufige Struktur** genannt.

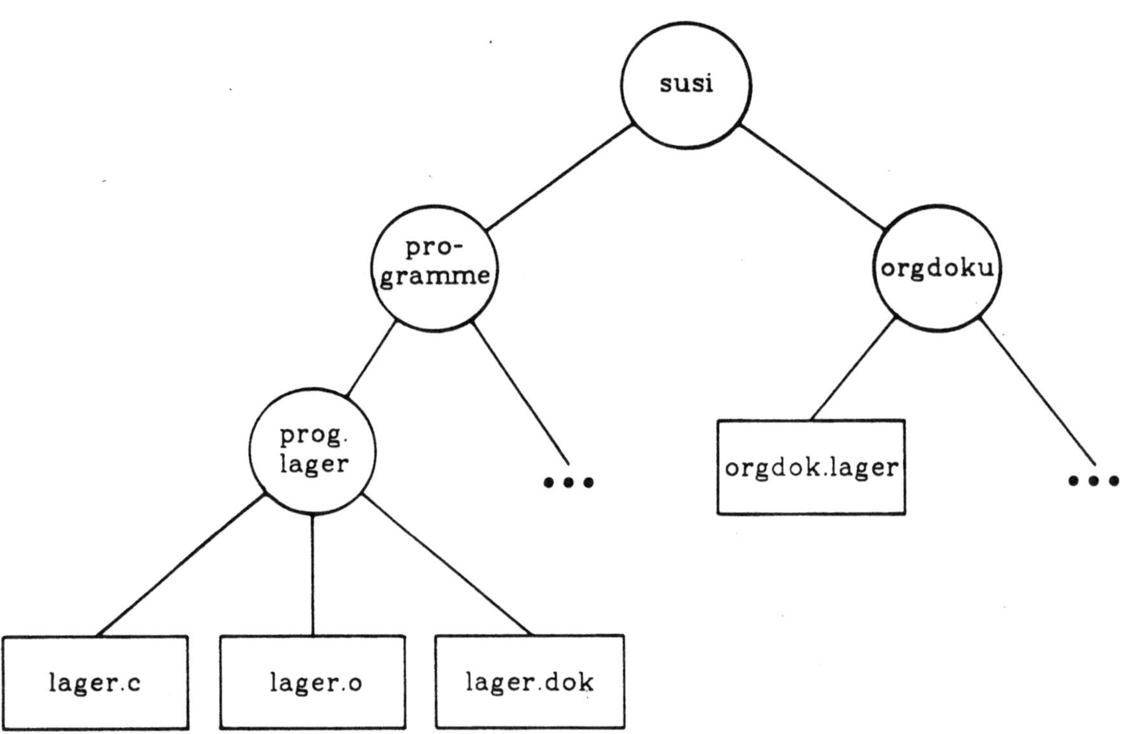

Bewegungen innerhalb der Verzeichnisse sind durch einfache Shell-Kommandos möglich. Angenommen, Sie befinden sich im Login-Verzeichnis susi des letzten Beispiels und möchten zum Verzeichnis prog.lager. Hierzu benutzen Sie das Kommando

$ cd programme/prog.lager

Nachdem die Shell sich wieder gemeldet hat, können Sie die Ausführung mit

$ pwd

überprüfen. Die Shell liefert folgende Rückmeldung:

/usr/susi/programme/prog.lager

Das Ergebnis der Rückmeldung wird **voller Pfadname** genannt. Der letzte Teil des Pfadnamens ist das aktuelle Verzeichnis.

Pfadnamen beschreiben den Weg vom Wurzelverzeichnis zur angesprochenen Datei bzw. zum angesprochenen Verzeichnis innerhalb der Verzeichnishierarchie. Die Namen der einzelnen Verzeichnisse werden durch einen Schrägstrich getrennt. Für die Navigation innerhalb der Verzeichnishierarchie gilt grundsätzlich: Will man eine Datei bearbeiten, die nicht in dem Verzeichnis liegt, in dem man sich gerade befindet, so muß der volle Pfadname, beginnend mit / oder der **relative Pfadname**, beginnend mit einem Namen oder zwei Punkten (..) angegeben werden. Relative Pfadnamen werden vom aktuellen Verzeichnis aus angegeben. Nehmen wir an, Sie befinden sich im Verzeichnis prog.lager und wollen die Datei orgdok.lager ansehen. Dazu müssen Sie das cat-Kommando wie folgt aufrufen:

$ cat ../../orgdoku/orgdok.lager

Die beiden Punkte sprechen jeweils die nächsthöhere Stufe im Verzeichnisbaum an. Sie sind ein Verweis auf den Vorgängerknoten im Baum. Mit dem Kommando

$ cd ..

gelangen Sie also in das nächsthöhere Verzeichnis. Die Shell meldet Ihnen nun nach dem Kommando pwd

/usr/susi/programme

Mit

$ cd

kehren Sie in Ihr Login-Verzeichnis zurück.

2.2.4 Alias-Namen für Dateien (Links)

Ein Link ist die Verknüpfung einer Datei mit dem Verzeichnis, in dem sie eingetragen ist. Normalerweise gibt es also genau einen Link auf eine Datei. Es ist aber erlaubt, die selbe Datei unter dem selben oder unter einem anderen Verzeichnis einzutragen und so die Anzahl der Links zu erhöhen. Beachten Sie, daß es für die Datei nur einmal Attribute wie Eigentümer, Größe, Zugriffsrechte usw. gibt, obwohl man unter mehreren Namen auf sie zugreifen kann.

Das nächste Schaubild zeigt einen solchen Vorgang. Angenommen, Sie befinden sich im Verzeichnis orgdoku und möchten die Datei lager.dok im Verzeichnis prog.lager in das aktuelle Verzeichnis unter dem Namen temp.prog.dok eintragen.

Dazu benötigen Sie das Kommando

$ ln ../programme/prog.lager/lager.dok temp.prog.dok

Nach Kommando-Ausführung können Sie dann auf die Datei lager.dok unter dem Namen temp.prog.dok zugreifen, wenn Sie sich im Verzeichnis orgdoku befinden. Innerhalb eines Verzeichnisses darf der gleiche Linkname nur einmal vorhanden sein. Es dürfen beliebig viele Links auf eine Datei gesetzt werden.

Nach einem ln gibt es keine Möglichkeit, den Aliasnamen vom Originalnamen der Datei zu unterscheiden. Jede Veränderung von Dateiattributen bezieht sich automatisch auf alle Links. Eine Datei bleibt so lange bestehen, wie ein Verzeichniseintrag für sie existiert.

Aliasnamen für Verzeichnisse sind nicht erlaubt, da dies die Baumstruktur verletzen würde.

Links zwischen Dateien

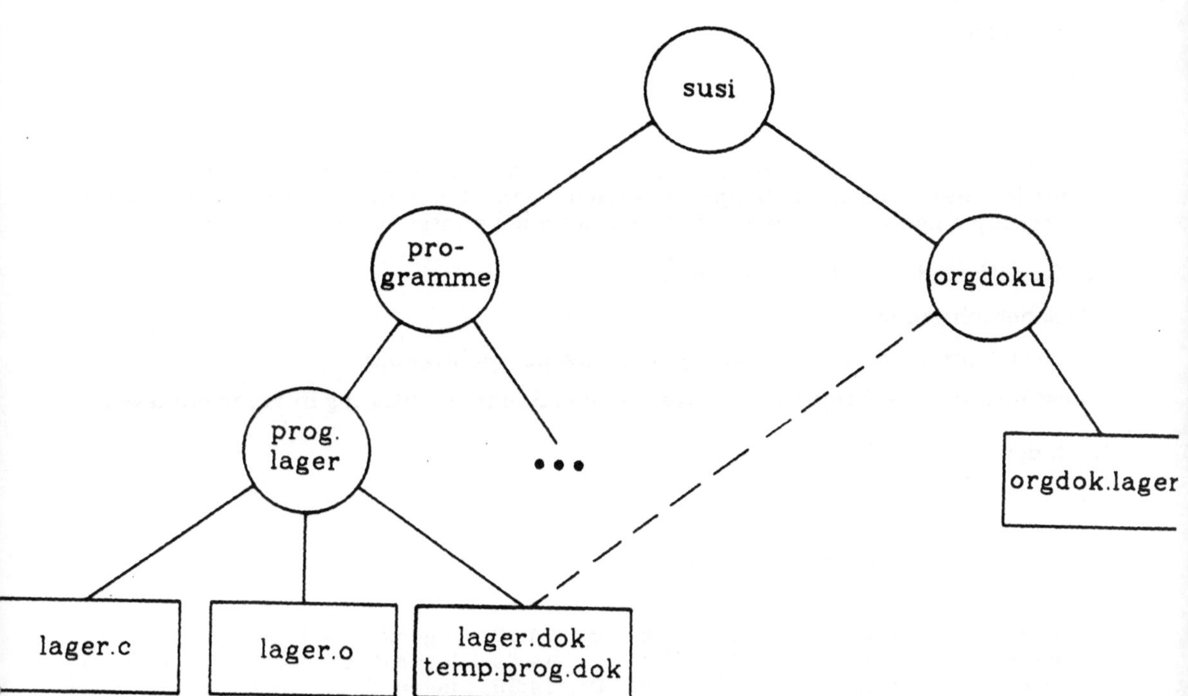

2.2.5 Zugriffsrechte und Schutz von Daten

Legt ein Benutzer eine Datei an, wird er damit zu ihrem Eigentümer. Es werden ihm Zugriffsrechte in Form von Lese-, Schreib- und Ausführungserlaubnis (bei ausführbaren Dateien und Verzeichnissen) erteilt. Diese Rechte darf er an die Benutzergruppe, der er angehört, oder an alle anderen Benutzer weitergeben. Selbstverständlich kann er diese Rechte auch für sich selbst einschränken, um z. B. das unbeabsichtigte Löschen einer Datei zu verhindern.

Grundsätzlich unterscheidet UNIX die Zugriffsrechte nach **Benutzergruppen** und **Zugriffsmodus.**

Benutzergruppen sind:

- Eigentümer,
- Gruppe,
- alle anderen Benutzer.

Eine Benutzergruppe wird nach organisatorischen Gesichtspunkten gebildet. Die Mitglieder der einzelnen Gruppen werden vom Systemverwalter in die Datei /etc/group eingetragen und somit dem System bekanntgemacht.

Der Zugriffsmodus wird unterschieden in:

- Leseberechtigung,
- Schreibberechtigung (gleichzeitig auch Löschberechtigung),
- Ausführungsberechtigung (gleichzeitig auch Suchberechtigung in Verzeichnissen).

Nach dem Kommando

$ ls -l

liefert die Shell folgende Rückmeldung:

```
total 3
-rw-r--r--   1  susi       122  Feb  9  14:38  lager.c
-rw-r--r--   1  susi        82  Feb  9  14:39  lager.dok
-rwxr-xr-x   1  susi        79  Feb  9  14:39  lager
```

Die Informationen z. B. der dritten Zeile bedeuten im einzelnen:

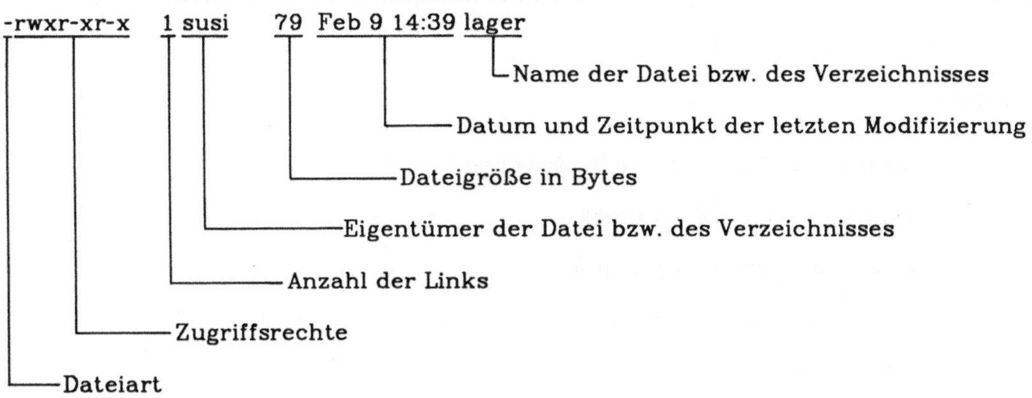

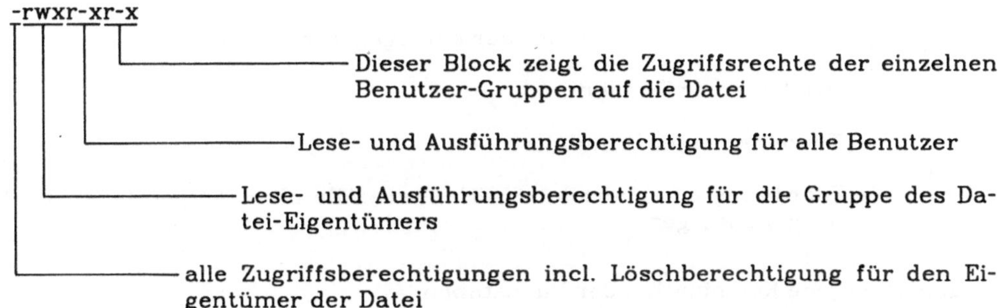

Dateiart: d = Verzeichnis, - = normale Datei, b oder c = Gerätedateien

Zugriffsrechte auf eine Datei oder ein Verzeichnis werden folgendermaßen geändert:

Liefert das ls -l-Kommando folgende Angabe der Zugriffsrechte

-rw-r--r-- 1 susi 82 Feb 9 14:39 lager.dok

und soll die Gruppe des Besitzers der Datei Schreibrecht erhalten, so muß das Kommando

$ chmod g+w lager.dok

eingegeben werden. Eine neue Ausführung des Kommandos ls -l liefert jetzt:

-rw-rw-r-- 1 susi 82 Feb 9 14:42 lager.dok

Der **Erlaubnisstatus** der Datei lager.dok wurde für die Gruppe um das Schreibrecht erweitert. Bei einer Änderung wird der Erlaubnisstatus symbolisch in der Form

chmod ***wer op erlaubnis dateiname***

angegeben.

wer ist eine Kombination der Buchstaben

u (user = eigene Erlaubnis)

g (group = Benutzergruppe)

o (others = alle anderen)

a steht für 'ugo'

Wird ***wer*** nicht angegeben, ist standardmäßig „a" gemeint.

op gibt an, ob ein Recht erteilt oder entzogen werden soll

\+ Erteilen einer Erlaubnis

– Entziehen einer Erlaubnis

= Zuordnung einer absoluten Erlaubnis. Alle nicht aufgeführten Rechte werden entzogen

erlaubnis ist jede Kombination der Buchstaben

r (read = lesen),

w (write = schreiben)

x (execute = ausführen).

erlaubnis nicht anzugeben ist nur sinnvoll, wenn = zum Entziehen jeglicher Rechte verwendet wird.

Es folgen zwei Beispiele zur Änderung von Zugriffsrechten:

Beispiel 1:

$ chmod og-w lager.c

Erlaubnis zum Schreiben hat nur noch der Eigentümer der Datei. Allen anderen Benutzern ist dieses Recht verwehrt.

Beispiel 2:

$ chmod +x lager

Erlaubnis zum Ausführen von lager ist allen Benutzern erteilt.

Achtung: Nur der Eigentümer selbst oder der Systemverwalter können die Zugriffsrechte einer Datei ändern!

2.3 Abkürzen von Dateinamen (Pattern matching)

Namen von Dateien bzw. Verzeichnissen müssen nicht vollständig angegeben werden. Die Shell bietet einen Mechanismus an, Dateien mit ähnlichen Namen in einem Kommando anzusprechen, ohne daß jede Datei einzeln als Parameter angegeben werden muß. So werden z. B. mit

$ ls abc*

alle Dateinamen des aktuellen Verzeichnisses aufgelistet, die mit abc beginnen und einer beliebigen Buchstabenfolge enden, z. B. abc, abc.c, abcdefg usw. Das Sonderzeichen * kann an jeder Stelle des Dateinamens angegeben werden:

$ cat *.l

listet den Inhalt aller Dateien des aktuellen Verzeichnisses auf, deren Namen mit .l enden, während

$ rm *

alle Dateien des aktuellen Verzeichnisses löscht (Vorsicht!).

Die durch Abkürzung angesprochenen Namen beziehen sich immer auf eine Auswahl vorhandener Dateinamen. Es werden also keine neuen Namen kreiert. Folgende Sonderzeichen zur Dateinamengenerierung werden von der Shell verstanden:

- `*` bezeichnet eine beliebig lange Zeichenkette, einschließlich der leeren Zeichenfolge.
- `?` steht für ein einzelnes, beliebiges Zeichen.
- `[...]` wählt die in eckigen Klammern [] eingeschlossenen Zeichen aus. Die Zeichen werden einzeln, durch Kommata getrennt angegeben. Zur Abkürzung können Ausschnitte aus dem Alphabet durch Angabe des ersten und letzten Buchstabens, getrennt durch ein Minuszeichen, beschrieben werden.
- `[!...]` Ein Ausrufungszeichen als erstes Symbol in der eckigen Klammer besagt, daß alle Zeichen außer den angegebenen gemeint sind.

Zum Beispiel löscht

$ rm [!a-f]*

alle Dateien des aktuellen Verzeichnisses, außer denjenigen, die mit a,b,..,f anfangen.

$ rm datei[0-9].c

löscht alle Dateien, deren Namen mit datei beginnen, dann genau eine Ziffer enthalten und mit .c enden.

$ ls ??*

listet alle Dateinamen, die aus wenigstens zwei Zeichen bestehen.

Achtung:
Beim Anlegen von Dateien sollten Sie keine der oben erwähnten Sonderzeichen im Dateinamen verwenden!

$ cat > a*

legt zwar noch korrekt die Datei a* an, aber z. B. bei

$ rm a*

würde das Sonderzeichen * interpretiert und alle Dateien mit a am Anfang gelöscht! Die Interpretation der Sonderzeichen wird durch einen vorangestellten \ (Backslash) unterdrückt, d. h.

$ rm a*

entfernt wirklich nur a*.

Abkürzungen können Sie auch bei Namen von Verzeichnissen verwenden:

$ rm */core

z. B. entfernt in allen Dateiverzeichnissen, die sich unterhalb Ihres aktuellen Verzeichnisses im Dateibaum befinden, die Dateien core.

3 Sprachbeschreibung

Nachdem der Aufruf eines Dienst- oder sonstigen Programms im Kapitel „Einführung in die Shell" beschrieben wurde, werden nun alle Möglichkeiten, mit Hilfe der Shell Programme zu schreiben, erläutert. Dazu werden folgende Inhalte vermittelt:

- Auffinden von Programmen durch die Shell, Schreiben eigener Shell-Prozeduren;
- Behandlung formaler Parameter in einer Prozedur, Variablen, Zuweisungen und Kommentare;
- Kontrollstrukturen der Shell: Sequenz, Verzweigungen, Schleifen, Unterprogramme;
- Verallgemeinerung von Standardein- und -ausgabe, Kopieren, Schließen, Umlenken von Ein- und Ausgabeströmen;
- Das UNIX-Prozeßkonzept, Kreieren und Synchronisieren von Prozessen mit der Shell;
- Interrupt-Erzeugung und -Behandlung;
- Auswirkung der Umgebung auf die Shell, Verändern und Ausnutzen der Umgebung, Definitionsbereich von Variablen;
- Grenzen der Shell, Angaben darüber, was man mit der Shell **nicht** machen sollte.

In den folgenden Beispielen werden Kommandos, die in Kommando-Dateien geschrieben und erst später ausgeführt werden, nicht mit „**$**" markiert. Die Eingaben sind wieder **fett**, Ausgaben normal gedruckt.

Folgende Zeichen werden bei der Syntaxbeschreibung benutzt:

[..]	in eckigen Klammern eingeschlossene Teile können fehlen,
...	drei Punkte bedeuten, daß das unmittelbar vorangehende Element beliebig oft wiederholt werden kann,
kursiv	gedruckte Worte stehen als Symbole, für die konkrete Namen oder Werte eingesetzt werden müssen.

3.1 Shell-Prozeduren

Eine **Shell-Prozedur** ist eine Datei, die ein oder mehrere Shell-Kommandos enthält. Sie wird mit dem Programmiereditor erstellt bzw. verändert. Diese Datei wird von der Shell interpretiert und, falls die Shell-Kommandos syntaktisch korrekt sind, auch ausgeführt.

Die Shell macht dabei keinen Unterschied zwischen aufgerufenen Dienstprogrammen, in irgendeiner Programmiersprache geschriebenen und übersetzten Programmen oder Shell-Prozeduren. Tatsächlich erkennt der Shell-Interpreter nur am internen Aufbau einer Datei, ob es sich um ein Objektprogramm handelt, das direkt gestartet wird, oder ob eine Shell-Prozedur interpretiert werden muß.

Genaugenommen müßte beim Aufruf einer Shell-Prozedur der Shell-Interpreter selbst neu aufgerufen werden durch

$ sh *name parameter....*

Dabei ist *name* der Dateiname, unter der die Prozedur gespeichert ist. Das Starten einer neuen Shell beim Prozeduraufruf wird aber automatisch vom Interpreter vorgenommen, so daß die im letzten Kapitel benutzte Syntax

$ *name parameter....*

das gleiche bedeutet. In diesem Fall muß die Datei für die Shell durch entsprechendes Erteilen der Erlaubnisrechte als ausführbar gekennzeichnet werden, z. B. durch

$ chmod +x *dateiname*

3.1.1 Suchpfad

Falls kein voller Pfadname angegeben wird, durchsucht die Shell natürlich nicht alle im System vorhandenen Dateiverzeichnisse, um irgendwo ein Kommando oder eine Shell-Prozedur zu finden. Die zu durchsuchenden Verzeichnisse sind in der Variablen **PATH** angegeben. Diese kann durch

$ echo $PATH

angezeigt werden. Ein Doppelpunkt (:) schließt jeweils den vollständigen Pfadnamen eines Verzeichnisses ab. Ein leerer Pfad vor einem Doppelpunkt (auch vor dem ersten) bezeichnet das aktuelle Verzeichnis. Die angegebenen Verzeichnisse werden in der Reihenfolge durchsucht, in der sie in PATH stehen.

Wenn PATH z. B. den String

/bin:/usr/bin::

enthält, wird zuerst das Verzeichnis /bin, dann /usr/bin und zum Schluß das aktuelle Verzeichnis durchsucht.

3.1.2 Eigene Prozeduren

Wie im Kapitel „Shell-Prozeduren" bereits erläutert, können Sie Shell-Kommandos in ausführbaren Dateien speichern.

Steht z. B.

ls | sort -r
who | sort -r

in einer ausführbaren Datei mit Namen lswho, werden beim Aufruf von

$ lswho

die Kommandos ls und who ausgeführt; die jeweiligen Ausgaben werden, in umgekehrter Reihenfolge sortiert, angezeigt.

Eine Schachtelung von Prozeduren ist möglich. Steht

echo who und ls gemeinsam sortiert:
lswho | sort -r

in der Datei lswhosort, gibt der Aufruf

$ lswhosort

die Parameter von echo aus und sortiert die Ausgabe von lswho rückwärts. Auch in Bezug auf Standardeingabe und Standardausgabe unterscheiden sich eigene Prozeduren nicht von Dienst- oder sonstigen Programmen!

3.2 Formale Parameter und Variablen

Der folgende Abschnitt beschreibt

- die Benutzung von Variablen und formalen Parametern in einer Prozedur,
- Mechanismen, die es erlauben, Sonderzeichen der Shell auch als normale Zeichen zu verwenden,
- Variablen, die standardmäßig von der Shell zu ganz bestimmten Zwecken benutzt werden und in denen die Shell bestimmte Werte erwartet,
- Benutzung von Variablen und Parameter in Abhängigkeit von ihren Inhalten,
- Verarbeitung der Ergebnisse von Kommandos in der Shell,
- Kommentare.

3.2.1 Zuweisung

Eine **Zuweisung** an eine Variable hat folgende Syntax

name=string

Name ist eine Zeichenkette, die mit einem Buchstaben beginnt und aus einer Folge von Buchstaben, Zahlen und dem Unterstrich (_) besteht. Zugewiesen wird immer ein *string*, d. h. eine beliebige Folge von Zeichen. In der Shell gibt es als einzigen Variablentyp den String.

Beispiele:

$ a=xyz
$ Abc0815="Inhalt von Abc0815"

Falls der String Leerzeichen enthält, so muß er in Anführungsstriche eingeschlossen werden.

Zugriffe auf Inhalte von Variablen erfolgen, indem ein Dollarzeichen ($) ihrem Namen vorangestellt wird:

$ echo $a
$ echo $Abc0815

gibt „xyz" bzw. „Inhalt von Abc0815" aus.

Variablen können mit konstanten Texten oder anderen Variablen zusammen verwendet werden:

$ echo Inhalt: $a

ergibt „Inhalt: xyz". Allgemein wird an der Stelle von *$name* der Inhalt der Variablen *name* eingesetzt.

Beim Anhängen von Texten an Variablen können Mehrdeutigkeiten auftreten, z. B. ist in

$ echo $abc

unklar, ob die Variable mit dem Namen abc gemeint ist, oder ob an den Inhalt der Variablen a der Text bc angehängt werden soll. In diesem Fall würde die Shell den Inhalt der Variablen abc (Leerstring, falls nichts zugewiesen) nehmen. Der andere Fall kann durch

$ echo ${a}bc

erzeugt werden, so daß die Syntax bei der Benutzung einer Variablen lautet:

$*name*

oder

${*name*}

Formale **Parameter** in Prozeduren werden wie Variablen mit speziellen Namen behandelt. Die Namen sind 1, 2, ... für den ersten, zweiten, ... Parameter. Parameter dürfen im Gegensatz zu den Variablen nicht links von einer Zuweisung stehen, werden aber ansonsten genau wie Variablen benutzt. Die Prozedur echonl, die folgende Befehle enthält:

echo $1
echo $2
echo $3

gibt die an sie übergebenen Parameter jeweils in einer neuen Zeile aus. Der Prozeduraufruf

$ echonl Dies "sind die" Parameter

erzeugt als Ausgabe:

Dies
sind die
Parameter

Beim Aufruf wird „Dies" (bis zum ersten Leerzeichen) dem ersten Parameter, "sind die", da in Anführungszeichen eingeschlossen, dem zweiten Parameter und „Parameter" dem dritten Parameter zugewiesen.

Parameter und **Variablen** sind zusammen benutzbar, wie das folgende Beispiel erläutert:

Die Prozedur echopar

leader="Parameter <"
trailer="> wurde eingegeben"
echo $leader$1$trailer

mit dem Aufruf

$ echopar otto

erzeugt die Ausgabe:

Parameter <otto> wurde eingegeben

3.2.2 Escape-Mechanismen für Shell-Symbole

Wie bereits erwähnt, gibt es eine Reihe von Zeichen mit spezieller Bedeutung für die Shell; z. B. das Leerzeichen als Trennsymbol, < und > zum Umlenken von Standardein- und -ausgabe, *, ? und [...] zur Abkürzung von Dateinamen, | für Pipes und & zur Hintergrundverarbeitung.

Durch folgende Escape-Mechanismen wird die Interpretation der Sonderzeichen durch die Shell unterdrückt:

"..." Ein Text, der mit Anführungszeichen beginnt, endet erst bei den nächsten Anführungszeichen. Leerzeichen dazwischen gehören zum Text. Accent Grave und $ werden weiterhin interpretiert.

'...' Leerzeichen gehören zum Text, es wird kein Sonderzeichen interpretiert.

\ Das nachfolgende Sonderzeichen wird nicht interpretiert. Falls der Backslash selbst gemeint ist, muß \\ angegeben werden.

Beispiele: Die Kommandos

$ a=12345
$ echo 'Die Variable $a hat' "den Inhalt $a"

erzeugen die Ausgabe:

Die Variable $a hat den Inhalt 12345

An echo werden hierbei zwei Parameter übergeben. Im ersten Parameter wird der Inhalt der Variablen a nicht eingesetzt, da er in einfache Hochkommata eingeschlossen ist. Die Anführungszeichen, die den zweiten Parameter begrenzen, bewirken die Interpretation von $a.

$ echo \$a

erzeugt: $a\

3.2.3 Standard-Variablen

Eine Reihe von Variablen haben eine feste Bedeutung in der Shell und können nur zu einem Zweck benutzt werden:

$PATH gibt den Kommando-Suchpfad für die Shell an. Diese Variable enthält volle Pfadnamen zu den Dateiverzeichnissen, die durchsucht werden müssen. Ein Doppelpunkt (:) schließt jeweils einen Pfad ab. Ein leerer Pfad (zwei Doppelpunkte hintereinander oder Doppelpunkt am Anfang) bezeichnet das aktuelle Verzeichnis. Die angegebenen Verzeichnisse werden in der Reihenfolge durchsucht, in der sie in $PATH angegeben sind.

Achtung: Antwortzeiten und Systembelastung können durch Begrenzung und günstige Sortierung der Einträge in $PATH optimiert werden!

$HOME enthält den vollen Pfadnamen des Login-Verzeichnisses. $HOME wird im Kommando cd als Standard-Parameter benutzt, falls kein anderer angegeben wird.

$MAIL Die Shell durchsucht nach jeder Kommando-Ausführung die in $MAIL angegebene Datei nach einem neuen Eintrag. Wird ein Eintrag gefunden, erscheint am Bildschirm die Meldung

you have mail

$PS1 enthält das Zeichen, das die Shell bei interaktiver Benutzung ausgibt, sobald eine Eingabe erwartet wird; normalerweise $.

$PS2 Falls im Dialog syntaktische Shell-Strukturen benutzt werden, die über mehrere Zeilen gehen, so gibt die Shell am Beginn jeder neuen Zeile den Inhalt von $PS2 aus, bis die Struktur abgeschlossen ist; normalerweise >.

Achtung: Um sich nicht selbst zu verwirren, sollten die Inhalte von $PS1 und $PS2 immer unterschiedlich sein!

$# Anzahl der aktuellen Parameter einer Shell-Prozedur als String in Dezimaldarstellung.

$* Liste der aktuellen Parameter einer Shell-Prozedur in der Reihenfolge, in der sie angegeben wurden.

$? Ergebnis-Code des zuletzt aufgerufenen Kommandos bzw. der letzten Shell-Prozedur. $? enthält den Wert 0 bei korrekter Ausführung, sonst einen Fehlercode.

$$ die UNIX-Prozeßnummer der aktuellen Shell, als String in Dezimaldarstellung.

$! die UNIX-Prozeßnummer der zuletzt im Hintergrund abgesetzten Shell, als String in Dezimaldarstellung.

$- Die in der aktuellen Shell gesetzten Optionen (s. Kommando set).

$TERM Bezeichnung des angeschlossenen Terminaltyps

$USER Benutzername

$SHELL vollen Pfadnamen des Shell-Interpreters

3.2.4 Bedingte Zuweisung

Variablen und Parameter werden durch das Konstrukt

${***name***[:]-***string***}

auf undefiniert (ohne Doppelpunkt) bzw. auf undefiniert oder Leerstring als Inhalt (mit Doppelpunkt) abgefragt. Falls die Variable oder der Parameter ***name*** nicht definiert, bzw. nicht besetzt ist, wird der ***string*** geliefert, ansonsten der Inhalt von ***name***. Für Sonderzeichen in den Texten gilt das im Abschnitt „Escape-Mechanismen" gesagte.

Z. B. ergibt die Prozedur

a="Inhalt von a"
echo ${a-"a nicht besetzt"}
echo ${b-"b nicht besetzt"}
echo ${1-"Parameter fehlt"}

beim Aufruf ohne Parameter das Ergebnis

Inhalt von a
b nicht besetzt
Parameter fehlt

und beim Aufruf mit 123 als Parameter

Inhalt von a
b nicht besetzt
123

Durch eine Konstruktion der Form

${***name***[:]=***string***}

wird zusätzlich der Variablen der angegebene String zugewiesen. Hier darf links von der Zuweisung kein Parameter stehen!
Mit Doppelpunkt wird wieder auf undefiniert oder leerer Inhalt, ohne Doppelpunkt nur auf undefiniert abgefragt.

$ echo $a
$ echo ${a:=abcde}
$ echo $a

gibt zuerst eine Leerzeile und dann zweimal abcde als Inhalt der Variablen a aus.

Mit

${***name***[:]+***string***}

wird der ***string*** geliefert, falls ***name*** definiert ist (und nichtleer bei :), ansonsten der Leerstring.

Speziell zur Prüfung von Parametern in Shell-Prozeduren gibt es

${*name*[:]?*string*}

Das Fragezeichen wirkt dabei wie das Minuszeichen, nur wird zusätzlich die Shell-Prozedur sofort abgebrochen, wenn die angegebene Variable bzw. der Parameter leer ist.

Das Programm

echo Parameter: \c
echo ${1?fehlt}

am Anfang einer Prozedur gibt im Falle eines Aufrufs ohne Parameter den Text „Parameter: fehlt" aus (das '\c' unterdrückt den automatischen Zeilenvorschub von echo) und beendet die Prozedur sofort. Ansonsten wird der angegebene Parameter (auch der leere!) hinter dem Text „Parameter:" angezeigt.

3.2.5 Einsetzen von Kommando-Ergebnissen

Das Ergebnis eines Kommandos – sei es ein Programm oder eine Shell-Prozedur –, das nach Standardausgabe geschrieben wird, kann in der Shell an beliebiger Stelle eingesetzt werden. Dazu wird an der Stelle der Einsetzung der entsprechende Kommando-Aufruf in Accent Grave (`) eingeschlossen aufgeführt.

Beispiel:

$ echo Datum und Uhrzeit: `date`

liefert die Ausgabe: Datum und Uhrzeit:, gefolgt von der Ausgabe von date.
Wollen Sie die Anzahl der Dateien Ihres aktuellen Verzeichnisses einer Variablen zuweisen, wird durch

$ a=`ls | wc -w`

der Variablen a das Ergebnis der Pipe ls|wc -w zugewiesen.

3.2.6 Kommentare

Die Shell kennt zwei Arten von Kommentaren, den nicht-interpretierten und den interpretierten.

Der **nicht-interpretierte Kommentar** beginnt mit dem Zeichen # und endet mit der Zeile. Sein Inhalt wird vom Shell-Interpreter überlesen.

Beispiel:

```
# Prozedur echopar
echo $1 $2 $3        # Ausgabe der Parameter 1-3
```

Beim Aufruf von echopar mit den entsprechenden Parametern werden diese ausgegeben.

Der **interpretierte Kommentar** beginnt mit einem Doppelpunkt und endet ebenfalls am Zeilenende. Sein Inhalt wird interpretiert, aber nicht ausgeführt. Eine sinnvolle Anwendung ist die Prüfung von Parametern, z. B. durch

```
: ${1:?Parameter1 nicht besetzt}
```

Das Kommando bewirkt nichts, da es sich um das Kommentar-Kommando handelt. Die Effekte von „${1:?...}" jedoch, nämlich Ausgabe der Meldung und Abbruch der Prozedur, werden ausgeführt, falls der Parameter nicht besetzt ist.

3.3 Kontrollstrukturen

Die in einer höheren Programmiersprache üblichen Kontrollstrukturen sind in der Shell enthalten:

- Kommandos können hintereinander ausgeführt werden oder gleichzeitig parallel laufen. Sie können durch Klammerung zusammengefaßt werden.
- Aufgerufene Shell-Prozeduren liefern einen Ergebnis-Code zurück, der im aufrufenden Programmteil ausgewertet werden kann.
- Als Verzweigungen stehen die bedingte Ausführung, die einfache Verzweigung und die mehrfache Verzweigung zur Verfügung. Zusätzlich ist eine einfache Behandlung von Fehlerfällen möglich.
- Schleifen werden ausgeführt, solange eine Bedingung zutrifft, bis eine Bedingung zutrifft oder für eine vorgegebene Anzahl Durchläufe. Schleifen können auch aus mehreren Schachtelungstiefen heraus explizit abgebrochen oder neu aufgesetzt werden.

3.3.1 Sequenz

Bei der interaktiven Kommando-Eingabe und bei den Prozedur-Beispielen wurde deutlich, daß Kommandos durch ein Zeilenende abgeschlossen werden. Mehrere Kommandos können, durch ein Semikolon (;) getrennt, in einer Zeile stehen.

echo Anzahl Wörter: \ c
cat lsdatei whodatei | wc -w

und

echo Anzahl Wörter: \ c ; cat lsdatei whodatei | wc -w

bewirken das gleiche: Ausdrucken des Textes „Anzahl Wörter:" ohne Zeilenvorschub und einer Zahl, welche die Anzahl der Wörter in den Dateien lsdatei und whodatei angibt. Das Zeilenende oder ; schließen also ein Kommando ab.

Solchermaßen abgesetzte Kommandos werden **hintereinander** ausgeführt. Die in einer Pipe enthaltenen Kommandos werden **gleichzeitig** ausgeführt. Die Synchronisation erfolgt über die zwischen den Kommandos transportierten Daten. Im letzten Beispiel wird zuerst das Kommando echo vollständig ausgeführt. Dann werden cat und wc gleichzeitig gestartet.

Eine Reihe sequentiell ausgeführter Kommandos können durch Einfassen in geschweifte oder runde Klammern zu einem Kommando **zusammengefaßt** werden. Das ist z. B. bei Verwendung in einer Pipe sinnvoll, wenn die Standardausgabe mehrerer Kommandos gemeinsam weiterbearbeitet werden soll:

$ {ls; ls nextdir;} | sort

Das aktuelle Verzeichnis und das Verzeichnis nextdir werden gemeinsam sortiert und ausgegeben.

Einzeln sortiert können sie z. B. durch

$ {
> ls | sort
> ls nextdir | sort
> } >lsdatei

nacheinander in die Datei lsdatei geschrieben werden. Das Zeichen > am Zeilenanfang bedeutet, daß die Shell weitere Eingaben benötigt, um die geschweiften Klammern abzuschließen. Runde und geschweifte Klammern haben **hier** die gleiche Bedeutung; ihr Unterschied wird im Kapitel „Prozeßverwaltung" erläutert.

Die Syntax für ein Kommando läßt sich folgendermaßen zusammenfassen:

commando parameter...

oder

{
commando_list ; }

oder

(
commando_list
)

wobei die *Kommando-Liste* sich aus beliebig vielen Kommandos, getrennt durch ein Semikolon oder dem Zeilenende, zusammensetzt. Nach den öffnenden Klammern muß ein Leerzeichen folgen. Schließenden Klammern muß ein Semikolon vorangestellt werden oder sie müssen am Zeilenanfang stehen.

3.3.2 Unterprogramme

Alle aufgerufenen Kommandos liefern nach Beendigung einen **Rückgabe-Code** zurück. Dieser muß in selbst geschriebenen Programmen explizit gesetzt werden, sonst wird der Code des zuletzt ausgeführten Shell-Kommandos zurückgeliefert.

In UNIX gilt folgender Standard für diesen Code:

0 Das Kommando wurde korrekt beendet, es ist kein Fehler aufgetreten.

>0 Es ist ein Fehler aufgetreten, das Kommando konnte nicht korrekt beendet werden.

Dieser Rückgabe-Code kann in einer Shell-Prozedur durch den Befehl

exit *integer*

gesetzt werden. Unmittelbar nach einem beliebigen Kommando-Aufruf ist der Rückgabe-Code in der Standard-Variablen $? enthalten.

$ ls >lsdatei ; echo $?
0

zeigt, daß ls ohne Fehler abgelaufen ist.

3.3.3 Verzweigung

Bedingte Ausführung erfolgt durch einen Befehl der Form

if
 commando_list
then
 commando_list
fi

Als Bedingung wird der Rückgabe-Code des letzten Kommandos in der Kommando-Liste nach if ausgewertet. Ist er 0, d. h. das Kommando wurde fehlerfrei bearbeitet, wird die Kommando-Liste hinter then ausgeführt:

$ if ls > lsdatei
> then echo ls erfolgreich
> fi

Achtung: Die Schlüsselwörter if, then usw. sind wie ein Kommando-Name zu behandeln. Sie müssen nach einem Semikolon folgen oder als erstes Wort in einer Zeile stehen!

Einfache Verzweigungen sehen folgendermaßen aus:

if
 commando_list
then
 commando_list
else
 commando_list
fi

Zusätzlich zur bedingten Ausführung gilt, daß die Kommando-Liste hinter else nur dann ausgeführt wird, wenn der Rückgabe-Code der ersten Kommando-Liste ungleich 0 ist. Im folgenden Beispiel liefert das Kommando test den Rückgabe-Code 0, wenn lsdatei als Datendatei existiert.

$ if test -f lsdatei
> then cat lsdatei
> else echo lsdatei ist keine Datendatei!
> fi

Mehrfache Schachtelungen von if... -Kommandos sind möglich, z. B.:

```
$ if test -r lsdatei
> then if test -d nextver
>        then ls nextver | sort
>        else echo nextver ist kein Verzeichnis
>        fi
> else echo lsdatei existiert nicht
> fi
```

Geschachtelte einfache Verzweigungen können durch die Konstruktion:

if *commando_list*
then *commando_list*
elif *commando_list*
then *commando_list*
elif *commando_list*
....
[else *commando_list*]
fi

abgekürzt werden. Der else... -Teil ist optional. Es sind beliebig viele elif möglich. Dabei gibt es unabhängig von der Anzahl der elif nur ein fi!

Mehrfache Verzweigungen erfolgen durch:

case *text* in
muster [| *muster*] ...) *command_list* ;;
....
....
muster) *command_list* ;;
esac

Man beachte das doppelte Semikolon als Abschluß der einzelnen Zweige! Als Muster kommen beliebige Zeichenketten mit den von der Generierung der Dateinamen her bekannten Sonderzeichen:

* für eine beliebige Zeichenkette,

? für ein beliebiges Zeichen,

[...] für einen Zeichen-Bereich

und dem neuen Symbol

| zur Auswahl zwischen zwei Mustern (logisches ODER)

zur Anwendung.

Ein Beispiel ist die Abfrage einer Option in einer Shell-Prozedur:

```
case $1 in
     -x*)      echo Option=x..... ;;
     -a|-A)    echo Option=a oder Option=A ;;
     -*)       echo Option unbekannt ;;
     *)        echo Optionen beginnen mit -;;
esac
```

Kommando-Ketten werden zur Vereinfachung der Ablaufsteuerung in Abhängigkeit von den Ergebnis-Codes benutzt. Der Operator

&& bewirkt die Ausführung des rechts stehenden Kommandos nur dann, wenn das links stehende erfolgreich ausgeführt werden konnte, und

|| führt das rechts stehende Kommando aus, wenn das links stehende fehlerhaft endete.

Die folgende Prozedur beseitigt z. B. die Datei lsdatei im Fehlerfall:

```
ls > lsdatei ||
{ rm lsdatei
echo ls fehlerhaft
}
```

Die allgemeinen Formen

commando && commando && ...... && commando

bzw.

commando || commando || ...... || commando

erzeugen Kommando-Ketten, die beim ersten Fehler (&&) bzw. beim ersten korrekt ausgeführten Kommando (||) abbrechen.

3.3.4 Schleifen

Eine Kommando-Liste wird durch Befehle der Form

```
while
 commando_list
do
    commando_list
done
```

so oft ausgeführt, bis das letzte Kommando der Liste hinter while einen Rückgabe-Code ungleich 0 liefert. Im folgenden Beispiel wird nichts zwischen do und done ausgeführt, da das Kommando false immer einen Ergebnis-Code ungleich 0 liefert:

```
$ while false
> do
>     echo wird nie ausgegeben
> done
```

Das Kommando false hat keine andere Aufgabe, als den Rückgabe-Code 1 zu liefern.

Ein sinnvolleres Beispiel ist die Prozedur

```
while test $1
do
    if test -d $1
    then echo  $1 ist ein Verzeichnis
    elif test -w $1
    then echo -n  $1 löschen?
         read antwort
         if test $antwort = ja
         then rm $1
         fi
    else echo  $1 kann nicht gelöscht werden
    fi
    shift
done
```

Sie leistet das gleiche wie das rm-Kommando, fragt aber vor jedem Löschvorgang nochmals zurück. Verzeichnisse und schreibgeschützte Dateien werden nicht gelöscht. Das Kommando test am Anfang prüft, ob Parameter angegeben wurden. Zusammen mit dem shift am Ende, das bei jedem Aufruf den ersten Parameter beseitigt und an seine Stelle den nächsten rückt, wird ein Verarbeiten aller Parameter bewirkt.

Das Gegenstück zum while- ist das until-Kommando, das die Kommando-Liste hinter do solange ausführt, bis der letzte Befehl in der Liste hinter until den Rückgabe-Code 0 liefert.

until *commando_list*
do
    commando_list
done

Für eine **feste Anzahl von Durchläufen** gibt es das Kommando

for *variable* in *string_list*
do
    commando_list
done

Dabei ist *string_list* eine beliebig lange Liste von Strings, die durch Leerzeichen getrennt sind. Für jeden String wird die *Kommandoliste* einmal ausgeführt und vorher String der Variablen zugewiesen!

Z. B. schreibt das folgende Kommando die Datei Warnung auf die Terminals der Benutzer „müller", „meier" und „schulze".

```
$ for i in müller meier schulze
> do
>    write $i <Warnung
> done
```

Falls die „in string_list"-Angabe fehlt, wird standardmäßig „in $*", d. h. alle aktuellen Parameter, angenommen.

So leistet

```
for i
do
    if test -d $i
    then echo  $i ist ein Verzeichnis
    elif test -w $i
    then echo -n  $i löschen?
        read antwort
        if test $antwort =  ja
        then rm $i
        fi
    else echo  $i kann nicht gelöscht werden
    fi
done
```

das gleiche wie die mit while erstellte Prozedur zum Löschen von Dateien.

Schleifen (while, until und for) können durch die Kommandos

break [*integer*]

und

continue [*integer*]

an beliebiger Stelle abgebrochen oder neu aufgesetzt werden. Continue leitet sofort den nächsten Durchlauf ein, während break die Schleife beendet. Falls kein Parameter oder die Werte 0 oder 1 angegeben werden, ist die innerste Schleife gemeint. Größere Werte beziehen sich auf die entsprechende äußere Schleife, von innen her gezählt.

Als Beispiel nochmals eine Variante zum Löschen von Dateien. Diesmal werden die Dateinamen nicht als Parameter übergeben, sondern interaktiv abgefragt:

```
while true
do
    echo Dateiname: \ n
    read name
    case $name in
        STOP ) break;;
        "")     continue;;"
        *)       while true
            do
                echo  "$name löschen? (j,n,s)"\ n
                read antwort
                case $antwort in
                        j )     rm $name ; break;;
                        n )     continue 2;;
                        s )      break 2;;
                        * )       continue;;
                esac
            done
            echo  "$name ist gelöscht"  ;;
    esac
done
```

3.4 Ein- und Ausgabe

Die äußerst flexible Ein- und Ausgabe von UNIX ermöglicht eine Trennung der logischen Dateien eines Programms von den physikalischen einer speziellen Ausführung des Programms. Die Zuordnung wird auf elegante und einfache Weise vorgenommen durch:

- Zuordnung eines Dateinamens zu einer beliebigen Ein- bzw. Ausgabedatei, wahlweise überschreibend oder anhängend,
- Übernahme von Eingaben für ein Kommando aus einer Shell-Prozedur,
- Schließen von Dateien,
- Zusammenfassen von Dateien durch Kopieren ihrer Beschreibungen.

3.4.1 Umlenken der Ein- und Ausgabe

Innerhalb der Programme können sequentielle Ein- und Ausgabedateien durch sogenannte Dateibeschreibungsnummern logisch angesprochen werden. Dies geschieht z. B. in der Programmiersprache C mit Hilfe der UNIX-IO-Routinen (Systemaufruf: write). Der Shell sind lediglich die Dateibeschreibungsnummern bekannt. Es gilt folgende standardmäßige Zuordnung:

0 Standard-Eingabe,

1 Standard-Ausgabe,

2 Fehler-Ausgabe.

Wie bereits bekannt, werden Standardein- und -ausgabe durch die Zeichen < und > bzw. >> umgeleitet. Dabei handelt es sich um Abkürzungen der allgemeinen Formen

Dateibeschreibungsnummer **<** ***dateiname***
Dateibeschreibungsnummer **>** ***dateiname***
Dateibeschreibungsnummer **>>** ***dateiname***

Als Dateibeschreibungsnummer sind ganzzahlige Werte möglich. Fehlt die Angabe der Nummer, wird bei < der Wert 0 (Standardeingabe) und bei > bzw. >> der Wert 1 (Standardausgabe) angenommen. Andere Dateibeschreibungsnummern müssen explizit angegeben werden.

Z. B. leitet

$ cc quelle.c 2>fehler

die Fehlermeldungen des C-Compilers in die Datei fehler.

3.4.2 Eingaben aus einer Shell-Prozedur

Als Gegenstück zum anhängenden Schreiben könnte man

Dateibeschreibungsnummer << [-] [\ ] *string*

bezeichnen, das in der aktuell interpretierten Datei (Shell-Prozedur oder Terminal) Eingaben zu einem Kommando erwartet. Durch den *String* am Anfang einer sonst leeren Zeile wird die Eingabe zu diesem Kommando abgeschlossen und die normale Interpretation durch die Shell fortgesetzt. Bei fehlender *Dateibeschreibungsnummer* wird wieder Standardein- und -ausgabe angenommen. Zusätzliche Angabe eines Minuszeichens (-) bewirkt ein Entfernen von Tabulator-Zeichen am Zeilenanfang der Eingaben zum Kommando. Normalerweise werden auch in den Eingaben zu einem Kommando Variablen und Parameter der Shell ersetzt. Ein \ (Backslash) vor dem *String* unterdrückt das Einsetzen der Werte.

Die Beispiel-Prozedur

write müller meier schulze <<- endwrite
Sitzung um $1 Uhr
im Raum $2
endwrite

mit den Parametern „14:00" und „K7" aufgerufen, würde die Zeilen

Sitzung um 14:00 Uhr
im Raum K7

auf die Terminals der angegebenen Benutzer schreiben (falls diese gerade im System angemeldet sind).

Dagegen wird in

write müller meier schulze <<- endwrite
Neuer Stückpreis \ $1.
endwrite

unabhängig von Parametern der konstante Text „Neuer Stückpreis $1." gesendet.

3.4.3 Schließen von Dateien

Die Form

Dateibeschreibungsnummer <-
Dateibeschreibungsnummer >-

schließt die zur angegebenen Beschreibungsnummer gehörende Ein- bzw. Ausgabedatei sofort. Weitere Ein- bzw. Ausgaben sind nicht möglich. Folgende Ausgaben werden weggeworfen, folgende Eingaben erhalten als Ergebnis ein Dateiende. Bei fehlender ***Dateibeschreibungsnummer*** wird Standardein- bzw. -ausgabe genommen.

3.4.4 Kopieren von Dateibeschreibungsnummern

Bisweilen ist es sinnvoll, verschiedene Ein- oder Ausgabeströme zu mischen. Dazu müssen Beschreibungsnummern „kopiert" werden. Dies geschieht durch

Dateibeschreibungsnummer <& *Dateibeschreibungsnummer*

und

Dateibeschreibungsnummer >& *Dateibeschreibungsnummer*

Die Beschreibungsnummer, die links von <& bzw. >& steht, wird durch eine Kopie der rechts stehenden ***Dateibeschreibungsnummer*** überschrieben. Falls eine der ***Dateibeschreibungsnummern*** fehlt, wird bei >& Standardausgabe und bei <& Standardeingabe genommen. Dies gilt für die rechte und linke Seite!

Beispiel:

```
$ shellproc > shellproc.L 2>&1
```

Die Ausgabe der Prozedur shellproc wird in die Datei shellproc.L geschrieben. Fehlerausgaben des Shell-Interpreters werden zwischen die Ausgaben der Prozedur gestellt.

3.5 Prozeßverwaltung

Im UNIX-Betriebssystem können Sie theoretisch beliebig viele Prozesse starten und diese parallel ablaufen lassen. Dieses Kapitel wird Auskunft darüber geben,

- wann durch die Shell neue Prozesse gestartet werden und wie der Programmierer Einfluß darauf nehmen kann,
- wie parallel laufende Prozesse synchronisiert werden und
- welcher Zusammenhang zwischen verschiedenen Prozessen bezüglich Ein- und Ausgabedateien besteht.

3.5.1 Kreieren von Prozessen

Der Shell-Interpreter erzeugt bei jedem Kommando, sei es ein Dienstprogramm, ein sonstiges Programm oder eine Shell-Prozedur, einen neuen UNIX-Prozeß. Im Falle eines übersetzten Programms wird dieses gestartet. Beim Aufruf einer Shell-Prozedur wird der Shell-Interpreter neu gestartet und die auszuführende Prozedur als Parameter übergeben. Tatsächlich dürfte eigentlich eine Shell-Prozedur nicht direkt über ihren Namen aufgerufen werden, da sie kein „ausführbares" Programm ist. Gestartet wird der Shell-Interpreter durch:

sh *procedure_name*

Der Shell-Interpreter muß nicht extra gestartet werden, wenn die Prozedur als ausführbar in einem im aktuellen Suchpfad (Variable $PATH) eingetragenen Verzeichnis zu finden ist. Wird der Interpreter durch das Kommando sh gestartet, wird die Prozedur als normale Datei behandelt: d. h. sie braucht nicht ausführbar, muß aber lesbar sein. Falls zusätzlich Optionen (s. Kommando sh) gesetzt werden sollen, muß der Interpreter explizit gestartet werden.

Beim Aufruf einer Prozedur oder eines Programms wartet der aktuell laufende Interpreter auf die Beendigung des gestarteten Prozesses. Im Falle einer Shell-Prozedur terminiert der Interpreter bei Erkennen des Prozedur-Endes. Dieses Verhalten wird durch folgendes Prozeß-Diagramm erläutert:

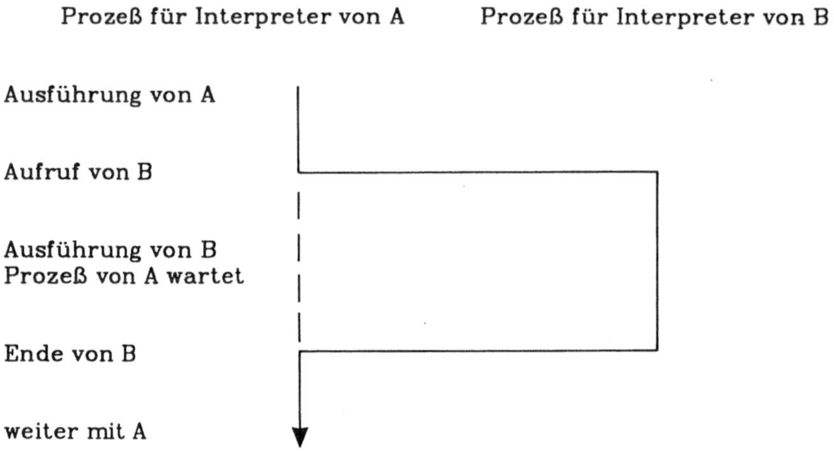

Prozeß für Interpreter von A   Prozeß für Interpreter von B

Ausführung von A

Aufruf von B

Ausführung von B
Prozeß von A wartet

Ende von B

weiter mit A

Prozeduren können auch **ohne Starten eines Prozesses** ausgeführt werden. Der Aufruf

exec *procedure_name*

bewegt den aktuell laufenden Shell-Interpreter dazu, die angegebene Prozedur als weitere Eingabe zu interpretieren. Das hat allerdings den Nachteil, daß der Interpreter-Prozeß bei Erkennung des Prozedur-Endes terminiert, d. h. es gibt keine Rückkehr aus der Prozedur in den aufrufenden Prozeß. Arbeiten Sie interaktiv mit der Shell, werden Sie nach Beendigung der Prozedurausführung automatisch ausgeloggt.

Daraus folgt das Prozeß-Diagramm:

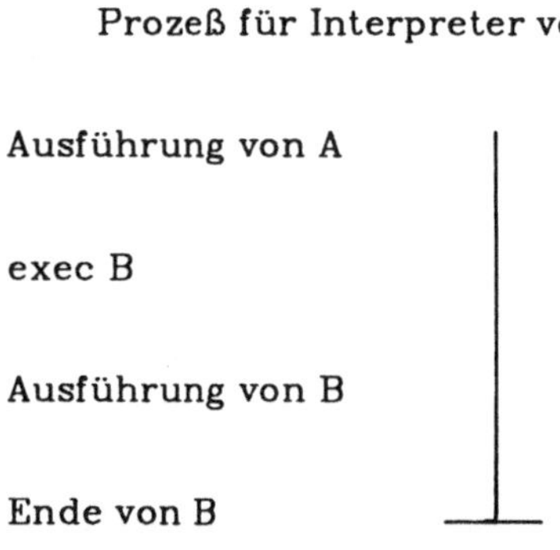

Prozeß für Interpreter von A und B

Ausführung von A

exec B

Ausführung von B

Ende von B

Die Ausführung einer Prozedur **ohne Starten** einer neuen Shell, aber **mit Rückkehr** zur aufrufenden Prozedur erfolgt, wenn der Prozedurname mit einem '.' Punkt beginnt.

Daraus ergibt sich beim Aufruf von:

. *procedure_name*

das folgende Prozeß-Diagramm

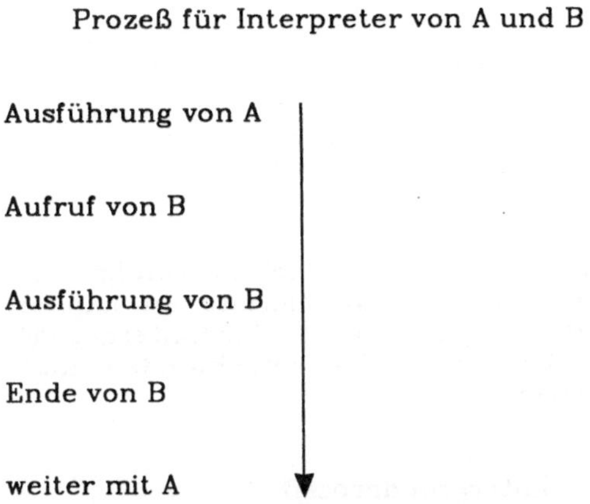

Prozeß für Interpreter von A und B

Ausführung von A

Aufruf von B

Ausführung von B

Ende von B

weiter mit A

Auch **innerhalb einer Prozedur** können neue Shell-Interpreter aufgerufen werden. Bereits im Kapitel „Kontrollstrukturen" wurden runde und geschweifte Klammern zum Zusammenfassen von Kommandos eingeführt. Während die in geschweiften Klammern eingefaßten Kommandos lediglich syntaktisch zusammengefaßt werden, führen die runden Klammern zusätzlich zur Interpretation der eingeklammerten Kommandos durch einen neuen Shell-Interpreter. Die Wirkungsweise wird an folgenden Beispielen deutlich:

```
$ a="alter Wert"
$ (
>a="neuer Wert"
> echo $a
>);echo $a
```

ergibt als Ausgabe

```
neuer Wert
alter Wert
```

d. h. die Veränderung der Variablen a in der aufgerufenen Shell ist der aufrufenden Shell nicht bekannt.

Wird keine neue Shell aufgerufen:

```
$ a= alter Wert
$ {
> a= neuer Wert
> echo $a
> } ; echo $a
```

bleiben Veränderungen der Variablen bestehen.

Die Ausgabe lautet dann:

```
neuer Wert
neuer Wert
```

3.5.2 Konkurrierende Prozesse

Eine Prozedur oder ein Programm wird parallel zur aktuellen Shell ausgeführt, indem an den Prozeduraufruf ein „&" angehängt wird, wie bereits im Kapitel „Einführung in die Shell" als Hintergrundverarbeitung eingeführt. Der Hintergrundprozeß stoppt, sobald die zugehörige Prozedur beendet ist. Das Verschwinden eines Prozesses hat keine Auswirkungen auf den anderen.

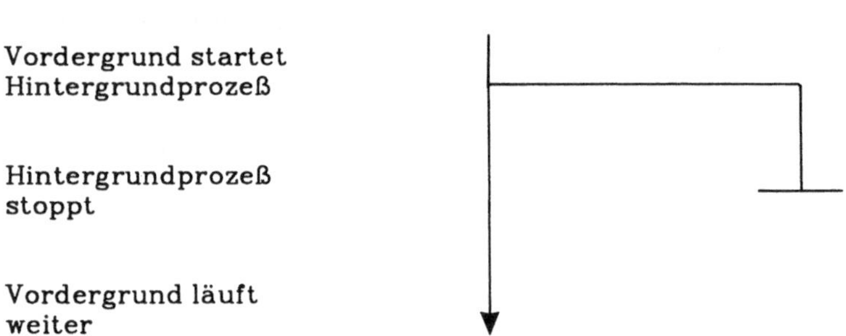

Dabei können theoretisch beliebig viele Hintergrundprozesse erzeugt werden. Im Hintergrund laufende Prozeduren können ihrerseits weitere Hintergrundprozesse starten.

Explizites **Warten auf die Beendigung** aller von einer Shell im Hintergrund gestarteten Prozesse ist durch Aufruf des Dienstprogramms wait möglich.
Z. B. hat der Aufruf der Prozedur back im Hintergrund mit anschließendem Warten auf die Terminierung

$ back &
$ wait

die gleiche Wirkung wie der Vordergrundaufruf

$ back

Falls zum Zeitpunkt des Aufrufs von wait kein Prozeß im Hintergrund der aktuellen Shell existiert, terminiert wait sofort.

In einer **Pipe** werden die aufgerufenen Programme durch parallel laufende Prozesse ausgeführt. Ihre Synchronisation erfolgt über die transferierten Daten. Die Daten werden blockweise übernommen. D. h., sobald ein Programm, das seine Ausgaben in eine Pipe sendet, einen Block vollgeschrieben hat, wird dieses Programm unterbrochen und das Empfänger-Programm wird ausgeführt. Sobald dieses den Block leergeräumt hat, kann das Sendeprogramm ihn wieder füllen. Das Konzept wird bei mehreren Pipes entsprechend erweitert.

3.5.3 Vererbung von Dateibeschreibungsnummern

Beim Kreieren eines Prozesses „vererbt" der Vaterprozeß, d. i. der kreierende, an seinen Kindprozeß, d. i. der neu erzeugte, seine Dateibeschreibungsnummern. Zuordnungen zu physikalischen Dateien und Umlenkungen von Ein- und Ausgabeströmen entsprechen beim Kindprozeß denen des Vaterprozesses, solange sie nicht erneut zugeordnet werden.

Nicht bekannt dagegen sind Variablen und Parameter des Vaterprozesses. Die Übergabe von Informationen erfolgt über die Parameter des Kindprozesses selbst.

3.6 Interrupts

Eine Reihe Interrupt-Signale sind der Shell bekannt und mit fester Semantik belegt. Diese können vom Programmierer abgefangen und selbst interpretiert werden. Dieses Kapitel enthält

- die Auflistung der Interrupt-Signale und ihre Bedeutung sowie
- die Möglichkeiten, selbst auf Interrupts zu reagieren.

3.6.1 Signale

Es gibt 15 Interrupts innerhalb der Shell

1 Beenden der DFÜ-Verbindung; wird bei einer Leitungsunterbrechung erzeugt.

2 Abbrechen der Shell-Prozedur vom Terminal aus.

3* Abbrechen der Shell-Prozedur mit Speicher-Dump.

4* Undefinierter Maschinenbefehl.

5* Hardware-Trace; wird vom Debugger benutzt.

6* Ein-/Ausgabe-Befehl; wird vom Debugger benutzt.

7* (Wird von Maschinen ohne Floating-Point-Arithmetik benutzt.)

8* Ausnahme bei der Floating-Point-Arithmetik, z. B. Overflow oder Division durch Null.

9 Unbedingtes Abbrechen der Shell-Prozedur; kann nicht abgefangen werden.

10* Bus-Fehler; tritt z. B. bei fehlerhafter indirekter Adressierung in C auf.

11* Adreßfehler; tritt bei fehlerhafter Benutzung von Pointern oder beim Überschreiten von Feldgrenzen auf.

12* Falscher Parameter bei einem Systemaufruf.

13 Es wird in eine Pipe geschrieben, aus der nicht wieder gelesen wird.

14 Alarm; wird normalerweise im Zusammenhang mit dem „pause"-Systemaufruf benutzt.

15 Normales Beenden eines Prozesses; wird benutzt, wenn der Prozeß ordnungsgemäß abschließen soll (z. B. Löschen temporärer Dateien u.a.m.). 15 ist der Default-Wert für den kill-Befehl.

Für die Programmierung in Shell sind normalerweise lediglich die Signale 1, 2, 3, 9, 14 und 15 von Interesse. Standardmäßig wird die aktuelle Shell beendet, falls ein Interrupt auftritt. Im Falle einer interaktiven Shell wird das nächste Kommando gelesen.

Die mit * gekennzeichneten Interrupts erzeugen einen Speicher-Dump, falls sie nicht vom Programmierer abgefangen werden.

3.6.2 Abfangen von Interrupts

Durch den Befehl

trap [' [*commando_list*] '] *signal_nr*

an beliebiger Stelle in einer Shell-Prozedur oder auch interaktiv eingegeben, wird ab sofort bei Auftreten des Interrupts mit der angegebenen Signal-Nummer die Kommando-Liste ausgeführt. Mehrfaches Umschalten innerhalb einer Prozedur ist möglich.

Eine leere Kommando-Liste bewirkt ein Ignorieren des Interrupts. Falls auch die Hochkommata fehlen, wird die Standard-Reaktion, Abbrechen der Prozedur, angewählt.

Im Beispiel:

```
trap ' ' 1 3 14 15
while true
do
   echo -n lösche Datei:
   read x1 x2 x3 x4 x5
   trap '' 2
   rm $x1 $x2 $x3 $x4 $x5
   echo $x1 $x2 $x3 $x4 $x5 sind gelöscht
   trap 2
done
```

werden die Interrupts 1, 3, 14 und 15 permanent ignoriert. Das Signal 2 führt z. B. beim read-Kommando zum Abbruch der Endlos-Schleife. Ein Abbruch während des Lösch-Vorgangs ist nicht möglich. Falls das Signal 2 empfangen wird, so wird es ignoriert. Durch den letzten „trap" wird das Signal 2 durch die Shell wieder interpretiert.

Die Standard-Reaktion der Shell (Abbruch) führt beim Aufruf von Dienst- und anderen Programmen (hier rm) zum Abbruch des Programms und der Shell, sobald der Interrupt auftritt. Soll der Interrupt ignoriert werden, so wird weder das Programm noch die Shell abgebrochen. Bei explizit angegebenen Reaktionen wird das Programm abgebrochen, die Shell setzt aber nach der vorgegebenen Reaktion auf den Interrupt unmittelbar hinter dem abgebrochenen Programm wieder auf.

3.7 Umgebung

Shell-Variablen können über die sogenannte Umgebung anderen Programmen oder anderen Shell-Prozeduren bekannt gemacht werden. Es gibt die Möglichkeit, dies gezielt für ein Kommando oder für alle nachfolgenden Kommandos durchzuführen. Variablen können ebenfalls als nicht-änderbar (Konstanten) markiert werden. Hinzu kommt, daß zur Unterstützung des Debuggings von Shell-Prozeduren die Ausführung protokolliert werden kann.

3.7.1 Verändern der Umgebung

Die Umgebung eines Prozesses besteht aus einer Reihe von vordefinierten Variablen. Die Umgebung der aktuellen Shell wird durch Aufrufen des Kommandos

$ env

angezeigt (zur Bedeutung der Variablen s. Kapitel „Formale Parameter und Variablen"). Jedes aufgerufene Kommando, sei es eine Shell-Prozedur oder ein Programm, „erbt" automatisch die Umgebung der aufrufenden Shell. Explizite Veränderungen der Umgebung erfolgen durch

env [-] [*name=text*]... [*command*]...

Die mittels *name* bezeichneten Variablen werden in die Umgebung des angegebenen Kommandos geschrieben, bevor das Kommando ausgeführt wird. Durch die Option '-' wird die zuvor „geerbte" Umgebung gelöscht. Ohne Angabe der Option '-' werden die angegebenen Variablen zusätzlich in die aktuelle Umgebung geschrieben. Bei fehlendem *command* wird lediglich die Umgebung angezeigt.

Folgendes Beispiel zeigt, wie Variablen über die Umgebung an die Prozedur testenv mit Inhalt

echo $a $b

übergeben werden. Sie erzeugt die Ausgabe

Text1 Text2

falls sie durch

$ env a=Text1 b=Text2 testenv

aufgerufen wird. Ein Fehlen dieses env-Kommandos würde eine leere Ausgabe erzeugen, da den Variablen a und b in testenv kein Wert zugewiesen wurde.

Zur Abkürzung kann env auch fehlen:

name=text... command

Der Aufruf

$ a=Text1 b=Text2 testenv

hat die gleiche Wirkung wie das oben angeführte Beispiel.

Auf diese Weise benutzte Variablen werden **symbolische Parameter** genannt. Falls die Shell mit der '-k'-Option (s. Kommando sh) gestartet wurde, dürfen die symbolischen Parameter auch hinter dem Kommando stehen:

$ testenv a=Text1 b=Text2

3.7.2 Globale Variablen

Durch das export-Kommando wird eine Variable in die Umgebung der aktuellen Shell geschrieben, und damit automatisch an aufgerufene Kommandos „vererbt".

export *name*...

Durch das env-Kommando können Sie die aktuelle Umgebung feststellen.

Achtung: Variablen, denen noch kein Wert zugewiesen ist, werden nicht angezeigt!

Das Kommando

readonly *name*...

markiert Variablen als nicht mehr veränderbar. Der Versuch, diesen Variablen einen neuen Wert zuzuweisen, führt zu einer Fehlermeldung.

Variablen können gleichzeitig als readonly markiert und exportiert werden. Innerhalb von Shell-Prozeduren bleiben diese Variablen schreibgeschützt.

Bei Aufruf der Kommandos export bzw. readonly ohne Parameter wird die Liste der vorbesetzten Variablen unter Angabe des Typs
(export und readonly) aufgelistet.

3.7.3 Debugging von Shell-Prozeduren

Durch das Shell-Kommando

set [-*option*...] *parameter*...

werden die Optionen und Parameter der aktuellen Shell verändert. Die Parameter werden in der angegebenen Reihenfolge, $1, $2, usw. zugeordnet. Folgende Optionen existieren:

-e Die Shell bricht beim ersten Kommando mit Rückgabe-Code ungleich 0 ab.

-k Variablen werden auch dann in die Umgebung eines Kindprozesses geschrieben, wenn die Zuweisung der Variablen (*name=text*) hinter dem Kommando-Aufruf steht.

-n Die Shell liest die Kommandos, führt sie aber nicht aus.

-t Die Shell terminiert nach dem ersten Kommando.

-u Der Zugriff auf nicht vorbesetzte Variablen wird als Fehler behandelt.

-v Die Shell gibt die Kommandos aus, wie sie gelesen werden.

-x Die Shell gibt die Kommandos mit ihren aktuellen Parametern und eingesetzten Variablen aus, wie sie ausgeführt werden.

-- Keine der Optionen wird verändert, der erste Parameter wird auf '-' gesetzt.

Durch das '-' wird die entsprechende Option gesetzt. Zurücksetzen der Option geschieht durch +. Das Kommando

$ set -x +v

veranlaßt die Shell, bis zur nächsten Umschaltung durch set die gelesenen Kommandos nicht (mehr) auszugeben, aber die ausgeführten Kommandos anzuzeigen.

3.8 Grenzen der Shell

Beim Programmieren von Shell-Prozeduren sollten Sie immer vor Augen haben, daß die Shell-Befehle zum einen **interpretativ** bearbeitet werden, zum anderen jeder einzelne Befehls-Aufruf i. a.

1. das **Kreieren eines Prozesses** durch das UNIX-Betriebssystem,
2. das **Laden eines Programms** in den Speicher (den Shell-Interpreter bei Shell-Prozeduren, sonst das übersetzte Programm) und
3. das **Eröffnen** und **Lesen einer Datei** (Shell-Prozedur oder Objekt-Code)

bedeutet. Die Shell verbindet Programme untereinander (Pipes), setzt bestehende Programme sequentiell zu neuen Anwendungen zusammen, fragt Optionen und Parameter ggf. im Dialog ab, usw. Sie hat also hauptsächlich die Aufgaben einer JCL (Job Control Language), nicht die einer Programmiersprache. Auf keinen Fall sollte man Dateien sequentiell zeilen- oder gar buchstabenweise (z. B. mit line) bearbeiten, wenn für jede Zeile oder jeden Buchstaben ein Prozeß kreiert werden muß. Eine solche Lösung funktioniert zwar beim „rapid prototyping" mit kleinen Beispiel-Dateien sehr gut. Da die Ausführungszeit jedoch sehr stark von der Dateigröße abhängt, ergibt sich bei großen Dateien eine unvertretbar hohe Laufzeit.

Achtung: Falls Dateien bearbeitet werden sollen, so streben Sie Lösungen ohne Schleifen an. Unkritisch sind Prozeduren, bei denen die Anzahl der kreierten Prozesse konstant ist!

Eine Reihe von Shell-Kommandos werden vom Interpreter direkt, ohne Aufruf eines Programms, ausgeführt. Hier ihre vollständige, alphabetische Liste:

break	case	cd	continue	eval	exec
exit	export	for	if	newgrp	read
readonly	set	shift	times	trap	ulimit
umask	until	wait	while		:
(...)					

Die runden Klammern (...) erzeugen zwar einen neuen Prozeß, eröffnen aber keine Datei und laden kein Programm nach.

Bei kombinierter Selektion und Bearbeitung von Daten spielt die **Kommando-Reihenfolge** eine wesentliche Rolle. Z. B. ist die Ausführung der Pipe

$ sort datei | grep muster

langsamer, da mehr Daten sortiert werden müssen, als die folgende Kombination:

$ grep muster datei | sort

obwohl die jeweiligen Ergebnisse gleich sind!

Durch **Verkürzung des Suchpfads** der Shell wird die Antwortzeit **aller** Kommandos beeinflußt. Steht in der Variablen $PATH das Verzeichnis, in dem die am häufigsten benutzten Kommandos enthalten sind, vorn im Suchpfad, so werden sie am schnellsten gefunden und die mittlere Suchzeit verkürzt. Mehrfacheinträge eines Verzeichnisses in $PATH verschwenden Rechenzeit.

Achtung: Rekursive Shell-Prozeduren mit großer (oder unendlicher) Schachtelungstiefe können das System bis zum Stillstand belasten!

4 Allgemeine Anwendungen

In den folgenden Kapiteln werden die am häufigsten gebrauchten Dienstprogramme – zusammengefaßt in Anwendungsbereiche – vollständig beschrieben und ihre Handhabung näher erläutert.

Dieses Kapitel gibt Ihnen Auskunft über folgende Tätigkeiten:

- Zugang zum System 8832 (login) sowie das ordnungsgemäße Abmelden. Ändern von Gruppennummer (newgrp), Paßwort (passwd) und Ermittlung der eigenen Identität (id, logname, tty).
- Abfragen des Systemzustands. Wer arbeitet mit dem System (who) und Informationen über aktuelle Prozeß-Stati (ps).
- Ausgabe von Texten und Variablen-Inhalten (echo).
- Beendigung von Programmen durch EOF, Interrupt oder kill.
- Anlegen und Löschen von Verzeichnissen und Dateien (mkdir, rmdir, ln, touch, rm) sowie ihre Verwaltung (mv, ls, du). Bewegung im hierarchischen Dateisystem (cd, pwd) und die Handhabung der Zugriffsrechte (chmod, chown, chgrp, umask).
- Be- und Verarbeitung von Dateien (grep, awk, pr, sort, uniq, tr, nl, tail), Such- und Vergleichsprogramme (find, cmp, comm, diff, bdiff, sdiff, diff3). Größenbestimmung (dd, wc), duplizieren (cp), konkatenieren (cat) und ausgeben (lp, lpstat, cancel, enable, disable).
- Arithmetik (expr).

Die Syntax der Befehle ist folgendermaßen aufgebaut:

[..] in eckigen Klammern eingeschlossene Teile können fehlen,

... drei Punkte bedeuten, daß das unmittelbar vorangehende Element beliebig oft wiederholt werden kann,

kursiv gedruckte Worte stehen als Symbole, für die konkrete Werte eingesetzt werden müssen.

4.1 Sonstige Kommandos

Die nachstehend beschriebenen Kommandos dienen dazu, sich im System anzumelden, bestimmte Informationen über sich selbst oder andere abzurufen und Programme zu beenden.

4.1.1 Login

login – Anmelden in das System

SYNTAX:

login [*Benutzername*]

BESCHREIBUNG:

Das login-Kommando wird benutzt, um sich in das System anzumelden oder um von einem Benutzer zum anderen zu wechseln. Falls vorhanden, wird nach dem zugehörigen Paßwort gefragt. Das Paßwort erscheint beim Eingeben nicht am Bildschirm.

Nach erfolgreicher Anmeldung werden die Statistik-Dateien aktualisiert. Der Benutzer wird über seine Post und die aktuelle Tagesnachricht informiert. Login initialisiert die Benutzer- und Gruppen-ID und startet ein fest vorgegebenes Programm (z. B. den Kommando-Interpreter).

Geben Sie nur login – ohne Benutzernamen – an, ist Ihre Terminalsitzung beendet und Sie sind abgemeldet.

DATEIEN:

/etc/utmp	Statistikdatei.
/etc/wtmp	Statistikdatei.
/usr/mail*Name*	Postkasten für den Benutzer, der in *Name* eingetragen ist.
/etc/motd	Nachricht des Tages.
/etc/passwd	Datei der Paßwörter.
/etc/profile	Datei des Systems, deren Inhalt beim Systemstart ausgeführt wird.
.profile	Datei des Benutzers, deren Inhalt beim Anmelden des Benutzers ausgeführt wird.

newgrp – Anmelden in eine neue Gruppe

SYNTAX:

newgrp [-] [*Gruppe*]

BESCHREIBUNG:

Newgrp ändert Ihre Gruppen-ID. Der Login-Name bleibt erhalten und das aktuelle Verzeichnis wird nicht geändert, aber die Verwaltung der Zugriffsrechte auf Dateien bezieht sich auf die neue Gruppen-ID.

Rufen Sie newgrp ohne Argument auf, wird Ihre Gruppen-ID in die ursprüngliche zurückgeändert.

Die Angabe von '-' bewirkt die Änderung der Umgebung.

Ein Paßwort wird verlangt, wenn die Gruppe ein Gruppen-Paßwort besitzt und der Benutzer nicht, oder der Benutzer nicht in der Datei /etc/group als Gruppenmitglied eingetragen ist.

DATEIEN:

/etc/group
/etc/passwd

passwd – Eingeben oder Ändern des Login-Kennworts

SYNTAX:

passwd [*Paßwort*]

BESCHREIBUNG:

Passwd erlaubt die Eingabe eines Paßworts oder die Änderung eines bereits existierenden Paßworts. Das Paßwort steht in Beziehung zum Benutzernamen.

Bei Änderung fragt das Programm nach Ihrem alten Paßwort. Nach Eingabe des alten Paßworts fragt es nach dem Neuen. Dieses muß zweimal angegeben werden, um Eingabefehler zu vermeiden. Die Paßworte werden nicht am Bildschirm angezeigt.

Bei Eingabe des Paßworts ist die Kombination von Groß-, Kleinbuchstaben, Zahlen und Sonderzeichen erlaubt. Die Länge des von Ihnen gewählten Paßworts muß mindestens vier Zeichen betragen, wenn Sie eine Kombination aus Groß- und Kleinbuchstaben wählen, ansonsten sechs. Das Paßwort kann beliebig lang sein, aber nur die ersten acht Zeichen dienen der Identifikation.

Nur der Eigentümer kann sein Kennwort ändern und nur der Superuser kann Paßwörter löschen.

DATEI:

/etc/passwd

id – Anzeigen von Benutzer- und Gruppenkennung

SYNTAX:

id

BESCHREIBUNG:

Id zeigt an der Standardausgabe Ihre Benutzer- und Gruppen-Nummer sowie die zugehörigen Namen an.

logname – Anzeige des Login-Namen

SYNTAX:

logname

BESCHREIBUNG:

Logname zeigt Ihnen den Login-Namen, mit dem Sie sich in das System angemeldet haben, an.

tty – Anzeigen Terminalname

SYNTAX:

tty [-l] [-s]

BESCHREIBUNG:

Der tty-Befehl zeigt den Pfadnamen Ihres Terminals an.

Optionen:

-l Anzeige der Leitungsnummer, mit der das Terminal verbunden ist, wenn es sich um eine aktive, synchrone Leitung handelt.

-s Unterdrückung der Angabe des Pfadnamens. Es wird lediglich ein Code zurückgeliefert:

2 = Ungültige Optionen wurden angegeben.
0 = Standardeingabe ist das Terminal.
1 = Standardeingabe ist nicht das Terminal.

HINWEISE:

Geben Sie die Option '-l' an, wird eine Fehlermeldung ausgegeben, wenn die Standardeingabe kein synchrones Terminal ist. Ebenso erfolgt ein Hinweis, wenn die Standardeingabe kein Terminal ist und Sie die '-s'-Option nicht angegeben haben.

4.1.2 Abfrage des Systemzustands

who – Wer arbeitet mit dem System?

SYNTAX:

who [-uTHlpdbrtasq] [*Datei*]
who am i
who am I

BESCHREIBUNG:

Who kann folgende Informationen auflisten: Benutzername, Terminalleitung, Login-Zeit, verstrichene Zeit seit der letzten Aktivität auf der Leitung und die Prozeß-ID der Shell für jeden z. Zt. aktiven Systembenutzer. Um seine Informationen zu bekommen, untersucht der Befehl die Datei /etc/utmp. Geben Sie eine spezielle Datei an, wird diese untersucht. Normalerweise sollte dies /etc/wtmp sein, die ein Protokoll aller Anmeldungen seit dem Zeitpunkt enthält, an dem sie zuletzt erzeugt wurde.

Who mit dem Zusatz 'am i' oder 'am I' identifiziert den aufrufenden Benutzer.

Außer bei der Standard-Option '-s' sieht das allgemeine Format für die Ausgabezeilen folgendermaßen aus:

Name [Status] Leitung [Zeit] Aktivität PID [Kommentar] [Ausgang]

Mit Optionen kann who Anmeldungen, Abmeldungen, Systemstarts und Veränderungen der Systemuhr sowie andere Prozesse listen, die Ableger des init-Prozesses sind.

Optionen:

-u Diese Option listet Informationen über die Benutzer auf, die momentan im System angemeldet sind. 'Name' ist der Login-Name des Benutzers. 'Leitung' ist die Leitungsbezeichnung aus dem Verzeichnis /dev. 'Zeit' ist die seit dem Anmelden des Benutzers vergangene Zeit. 'Aktivität' enthält die Anzahl von Stunden und Minuten, die seit der letzten Tätigkeit auf diesem Gerät vergangen ist. Ein Punkt deutet an, daß das Terminal während der letzten Minute aktiv war und daher aktuell ist. Wenn mehr als 24 Stunden vergangen sind, oder die Leitung seit dem Systemstart nicht benutzt wurde, wird der Eintrag als alt markiert. Dieses Feld ist nützlich, wenn man feststellen möchte, ob jemand am Terminal arbeitet oder nicht. 'Pid' ist die Prozeß-ID des Benutzerprogramms. 'Kommentar' ist das mit dieser Zeile verbundene Kommentarfeld laut /etc/inittab (s. inittab). Es kann Informationen darüber enthalten, wo das Terminal steht, die Telefonnummer der Datenendstation, den Terminaltyp, usw.

-T Diese Option bewirkt, daß der Status der Terminalleitung ausgegeben wird, d. h. ob ein anderer Benutzer auf dieses Gerät schreiben kann. Ein Pluszeichen erscheint, wenn das Terminal von jedermann beschrieben werden kann; ein Minuszeichen, falls dies nicht zutrifft. Der Superuser kann auf alle Terminals schreiben, die '+' oder '–' im Statusfeld haben. Ist eine Leitung nicht in Ordnung, wird ein Fragezeichen ausgegeben.

-l Es werden nur diejenigen Leitungen (Terminals) aufgelistet, bei denen das System auf eine Anmeldung wartet. Das Feld 'Name' lautet in solchen Fällen 'LOGIN'. Die anderen Felder sind die gleichen wie bei Benutzereinträgen. Das Statusfeld wird nicht angezeigt.

-H Zusätzliche Ausgabe einer Kopfzeile.

-q Ausgabe von Login-Namen und Anzahl der Benutzer, die gerade im System angemeldet sind. Alle anderen Optionen werden ignoriert.

-p Es wird jeder Prozeß aufgelistet, der im Moment aktiv ist und von init erzeugt wurde. Das Feld 'Name' enthält den Namen des von init ausgeführten Programms. Der Name ist in der Datei /etc/inittab enthalten und wird von dort entnommen. Die Felder 'Status', 'Leitung', und 'Aktivität' haben keine Bedeutung. Das Kommentarfeld enthält das ID-Feld (aus /etc/inittab) der Leitung (des Terminals), die diesen Prozeß erzeugte.

-d Es werden alle Prozesse aufgelistet, die beendet und von init nicht neu erzeugt wurden. Das Feld 'Ausgang' wird bei terminierten Prozessen ausgegeben und enthält die Rückgabe-Codes (wie von wait zurückgegeben). Diese Option dient zur Bestimmung der Gründe, warum ein Prozeß beendet wurde.

-b Datum und Zeit des letzten Systemstarts werden angezeigt.

-r Diese Option zeigt den momentanen „run-level" des init-Prozesses an. Nach der „run-level"- und Datumsangabe kommen drei Felder, die den augenblicklichen Status, die Häufigkeit, mit der dieser Status bereits durchlaufen wurde sowie den vorherigen Status anzeigen.

-t Die letzte Änderung der Systemuhr durch den Superuser wird angezeigt (s. date).

-a Diese Option verarbeitet standardmäßig /etc/utmp oder die angegebene Datei. Alle Optionen sind dabei in Kraft.

-s Standard-Option (muß nicht explizit angegeben werden). Sie listet nur die Felder 'Name', 'Leitung' und 'Zeit' auf.

DATEIEN:

/etc/utmp
/etc/wtmp
/etc/inittab

ps — Ausgabe von Informationen über laufende Prozesse

SYNTAX:

ps [-alx] [*Namenliste*]

BESCHREIBUNG:

Ps zeigt aktuelle Informationen über laufende Prozesse an. Durch Angabe einer Namenliste können Sie die Ausgabe auf Prozesse bestimmter Benutzer oder Gruppen beschränken. In der Namenliste können die gewünschten Namen entweder durch Kommata getrennt oder — eingeschlossen in doppelte Hochkommata — durch Kommata und/oder Blanks getrennt angegeben werden.

Optionen:

-a Anzeige aller Terminalprozesse.

-x Anzeige der eigenen Terminalprozesse, einschließlich der im Hintergrund laufenden. Sind mehrere Benutzer unter dem gleichen Login-Namen angemeldet, werden auch deren Prozesse gelistet.

-l Anzeige in ausführlicher Form.

Die kurze Auflistung enthält Prozessnummern, Terminalbezeichnung und Ausführungszeit der Prozesse.
Das ausführliche Listing ist kategorisch und enthält verschiedene Spalten:

F Anzeige der Flags in Verbindung mit einem Prozess: 1=im Kernspeicher; 2=System-Prozess; 4=physikalische Ein-/Ausgabe; 10=geswappt; 20=von einem anderen Prozess überwacht.

S Status des Prozesses: S=ruht; W=wartet; R=läuft; I=Zwischenprozess; T=angehalten; Z=abgebrochen.

UID Benutzer-ID des Prozessinhabers.

PID Prozess-ID.

PPID Prozess-ID des Vaterprozesses.

CPU Prozessverwendung für Ablaufsteuerung.

PRI Prioritätsstufe der Prozesse (Hohe Zahlen = niedrige Priorität).

NICE Prioritätsberechnung.

ADDR Speicheradresse, wenn der Prozess im Speicher resident ist, anderenfalls die Plattenadresse.

SZ Die Größe in Blöcken, die der Prozess im Speicher beansprucht.

WCHAN Das Ergebnis, auf welches der Prozess wartet. Werden Leerzeichen ausgegeben, läuft der Prozess.

TTY Die Bezeichnung des Terminals, von dem der Prozess aus gestartet wurde.

TIME Die bisher vom Prozess beanspruchte Rechnerzeit.

Am Ende jeder Reihe der Prozessauflistung wird das Kommando und seine Argumente angezeigt.

Ein Kindprozess, der beendet ist, wird als <defunct> angezeigt, wenn der Vaterprozess kein 'wait' für ihn abgesetzt hat.

SIEHE AUCH:

kill

4.1.3 Textausgabe

echo – Anzeige von Argumenten

SYNTAX:

echo [*Argument* ...]

BESCHREIBUNG:

Echo zeigt die Argumente des Befehls – getrennt durch Leerzeichen – am Terminal an. Es interpretiert C-ähnliche Escape-Konventionen:

\b	Backspace
\c	Kein Zeilenvorschub
\f	Formularvorschub
\n	Zeilenvorschub
\r	Neue Zeile (CR)
\t	Tabulator
\v	Vertikaler Tabulator
\\	Backslash (\)

Echo wird dazu benutzt, um Diagnosemeldungen aus Shell-Programmen auszugeben und feststehende Daten in Pipes zu übertragen.

4.1.4 Programmende

kill – Interrupt senden

SYNTAX:

kill [-*Signal*] *Prozeßnummer* ...

BESCHREIBUNG:

Der kill-Befehl sendet das angegebene Signal an den spezifizierten Prozeß. Zum Beispiel bricht der Befehl:

kill -9 *Prozeßnummer*

auch die Prozesse ab, die andere Signale nicht empfangen. Das Signal '-9' kann nicht ignoriert werden. Geben Sie kein Signal an, wird standardmäßig Signal 15 gesendet. Dies führt normalerweise zum Prozeßabbruch (Standardverhalten).

Ein Prozeß kann nur von seinem Besitzer oder vom Superuser abgebrochen werden.

Beim Starten von Prozessen im Hintergrund (&) zeigt die interaktive Shell die Prozeßnummer an. Rufen Sie den ps-Befehl auf, werden ebenfalls die Prozeßnummern der laufenden Prozesse angezeigt.

4.2 Dateiverwaltung

Die Dateiverwaltung – oft eine komplizierte, zeitaufwendige Arbeit – wird mit Hilfe der Shell optimiert. Das Anlegen und Pflegen von Verzeichnisbäumen und ihrer zugehörigen Dateien ist einfach zu handhaben. Durch einen effektiven Schutzmechanismus können Sie Ihre Verzeichnisse und Dateien vor unberechtigten Zugriffen schützen.

4.2.1 Verzeichnisse

Zum Anlegen und Löschen, Bewegen in der Verzeichnishierarchie sowie zum Verschieben und Anzeigen von Verzeichnisinhalten stehen Ihnen eine Reihe von Dienstprogrammen zur Verfügung.

mkdir – Anlegen eines Verzeichnisses

SYNTAX:

mkdir *Name* ...

BESCHREIBUNG:

Mkdir legt Verzeichnisse mit den von Ihnen angegebenen Namen an. Die Zugriffsrechte werden auf 'rwxrwxrwx' festgesetzt (kann mit umask geändert werden). Standardeinträge, wie '.' für das Verzeichnis selbst und '..' für das übergeordnete Verzeichnis, werden automatisch vorgenommen. Mkdir verlangt Schreiberlaubnis im übergeordneten Verzeichnis.

touch – Aktualisierung der Zugriffs- und Änderungsdaten von Dateien

SYNTAX:

touch [-amc] [*mmddhhmm*[*yy*]] *Datei* ...

BESCHREIBUNG:

Touch aktualisiert das Modifikations- bzw. Zugriffsdatum jeder angesprochenen Datei. Geben Sie keine spezielle Zeit an, wird die aktuelle Uhrzeit eingetragen. Ist eine angesprochene Datei nicht vorhanden, wird sie angelegt.

Optionen:

-a Aktualisierung des Zugriffsdatums

-m Aktualisierung des Änderungsdatums

-c Nicht existierende Dateien werden nicht angelegt

Touch liefert die Anzahl Dateien als Rückgabe-Code, deren Modifikations- bzw. Zugriffsdatum nicht geändert werden konnte. In der Anzahl enthalten sind ebenfalls die Dateien, die nicht vorhanden waren und auch nicht angelegt wurden.

rm, rmdir – Löschen von Dateien; Löschen von Verzeichnissen

SYNTAX:

rm [-fri] *Datei* ...

rmdir *Verzeichnis* ...

BESCHREIBUNG:

Rm löscht die Eintragung in ein Verzeichnis für eine oder mehrere Dateien. War dieser Eintrag die letzte Verknüpfung (Link) einer Datei, wird die Datei selbst gelöscht. Das Löschen eines Eintrags verlangt die Schreiberlaubnis für ihr Verzeichnis, aber weder Schreib- noch Leseerlaubnis für die Datei selbst.

Liegt für *Datei* keine Schreiberlaubnis vor und die Standardeingabe ist die Tastatur, so werden die Zugriffsrechte am Bildschirm angezeigt. Der rm-Befehl erwartet dann die Eingabe von 'y' (yes) um den Befehl auszuführen, anderenfalls wird der Befehl terminiert.

Optionen:

-f Kein Anzeigen der Zugriffsrechte.

-r Falls beim rm-Befehl ein Verzeichnis angesprochen wird, löscht rm nacheinander alle Datei-Einträge des Verzeichnisses und das Verzeichnis selbst.

-i Fragt vor jeder Ausführung, ob die Datei gelöscht werden soll und erwartet Ihre Entscheidung (i = interaktiv). In Verbindung mit der '-r'-Option gilt dies auch für Verzeichnisse.

Rmdir löscht den Eintrag von Verzeichnissen. Die Verzeichnisse müssen leer sein.

mv – Verschieben oder Umbenennen von Dateien und Verzeichnissen

SYNTAX:

mv *Datei1 Datei2*

mv *Datei Verzeichnis*

mv *Verzeichnis1 Verzeichnis2*

BESCHREIBUNG:

Mv gibt Datei1 den neuen Namen Datei2. Ist Datei2 bereits vorhanden, wird sie gelöscht und erst dann wird Datei1 in Datei2 umbenannt.
Ist Datei2 schreibgeschützt, so erscheint das Zugriffsrecht auf dem Bildschirm. Per Tastatur können Sie mit 'y' (yes) angeben, ob die Umbenennung trotzdem durchgeführt werden soll. Geben Sie 'n' (no) ein, wird der mv-Befehl beendet.
Mv kann nicht ausgeführt werden, wenn Quelldatei und Zieldatei identisch sind.

In der zweiten Befehlsform wird die Datei unter ihrem ursprünglichen Namen in ein anderes Verzeichnis verschoben.

Die dritte Befehlsform ermöglicht die Verschiebung von Verzeichnis1 mit seinen Dateien und Unterverzeichnissen in Verzeichnis2, wobei beide Verzeichnisse dasselbe übergeordnete Verzeichnis haben müssen.

ls – Auflisten des Inhalts von Verzeichnissen

SYNTAX:

ls [-RadCxmlnogrtucpFbqisf] [*Name*] ...

BESCHREIBUNG:

Übergeben Sie dem ls-Befehl einen Verzeichnisnamen als Argument, wird der Inhalt dieses Verzeichnisses – jeder einzelne Eintrag in einer Zeile – in alphabetischer Reihenfolge aufgelistet. Wird ein Dateiname angegeben, wiederholt ls diesen Namen und gibt zusätzlich die gewünschten Informationen aus. Geben Sie kein Argument an, wird der Inhalt des aktuellen Verzeichnisses als Standardargument eingesetzt. Bei Eingabe mehrerer Argumente werden diese zuerst sortiert, da ls die Dateiargumente vor den Verzeichnisargumenten verarbeitet.

Mit folgenden Optionen können zusätzliche Informationen aufgerufen werden:

-R Rekursive Anzeige, die auch die Unterverzeichnisse einschließt.

-a Auflisten aller Einträge einschließlich der mit '.' beginnenden.

-d Ist das angegebene Argument ein Verzeichnis, wird nur der Name angezeigt. In Verbindung mit der '-l'-Option erhält man die Statusanzeigen des Verzeichnisses.

-C Mehrspaltige Anzeige, wobei die Verzeichniseinträge innerhalb der Spalten alphabetisch sortiert sind.

-x Mehrspaltige Anzeige. Die Ausgabe erfolgt zeilenweise alphabetisch sortiert und nicht spaltenweise.

-m Die Ausgabe erfolgt zeilenweise sortiert; die Einträge sind durch Kommata getrennt.

-l Auflisten in Lang-Format. Angezeigt werden die Zugriffsrechte, Anzahl der Links, Gruppe, Eigentümer, Größe in Bytes und Zeitpunkt der letzten Änderung für jede Datei. Handelt es sich um Gerätedateien, wird statt der Größe die Geräteklasse (major) und die Geräteeinheit (minor) angezeigt.

-n Zeigt die gleichen Informationen wie die '-l'-Option. Statt Benutzer- und Gruppennamen werden jedoch die Benutzer- und Gruppen-IDs ausgegeben.

-o Identisch mit '-l', jedoch wird die Gruppe nicht angezeigt.

-g Identisch mit '-l', jedoch wird der Eigentümer nicht angezeigt.

-r Auflisten in umgekehrter Reihenfolge des Alphabets bzw. in umgekehrter Reihenfolge des Änderungsdatums, wenn zusätzlich '-t' angegeben wird.

-t Auflisten in zeitlicher Reihenfolge der letzten Änderungen (die letzte Änderung wird zuerst angezeigt).

-u Auflisten in zeitlicher Reihenfolge des letzten Zugriffs (in Verbindung mit '-t' wird der letzte Zugriff zuerst angezeigt).

-c Sortierkriterium ist die zeitliche Reihenfolge der Änderung der Dateibeschreibung statt des letzten Änderungsdatums der Dateien.

-p Anzeige des Inhalts der angegebenen Verzeichnisse. Der Name von Unterverzeichnissen wird jedoch durch einen angehängten Schrägstrich (/) gekennzeichnet.

-F Anzeige des Inhalts der angegebenen Verzeichnisse. Der Name von Unterverzeichnissen wird durch einen angehängten Schrägstrich (/) und der Name jeder ausführbaren Datei durch einen angehängten Stern (*) gekennzeichnet.

-b Oktale Anzeige von nichtdruckbaren Zeichen.

-q Nichtdruckbare Zeichen werden durch ein Fragezeichen (?) dargestellt.

-i Anzeigen der Dateibeschreibung in der ersten Spalte.

-s Angabe der Größe in Blöcken.

-f Jedes angegebene Argument wird als Verzeichnis angenommen und der Inhalt – wird als Verzeichniseinträge interpretiert – ausgegeben. Diese Option setzt '-l', '-t', '-s' und '-r' außer Kraft und verhält sich wie die '-a'-Option.

Die einzelnen Optionen können auch kombiniert werden, um gewünschte Einzelinformationen zusammen zu erhalten.

Wird zur Auflistung die '-l'-Option angegeben, werden die Zugriffsrechte angezeigt. Sie umfassen zehn Zeichen:

erstes Zeichen:

d = Verzeichnis

b = Gerätedatei (blockorientiert)

c = Gerätedatei (zeichenorientiert)

p = Fifo-Datei (benannte Pipe)

– = Datendatei

Die nächsten neun Zeichen sind als drei Sätze zu jeweils drei Zeichen zu verstehen. Der erste Satz zeigt die Rechte des Eigentümers an, der nächste Satz die Rechte der Gruppe zu der der Eigentümer gehört und der dritte Satz zeigt die Rechte der übrigen Benutzer. In jedem Satz werden die Rechte in der gleichen Reihenfolge angegeben. So ist jedem einzelnen Satz zu entnehmen, welche Rechte erteilt wurden. Folgende Rechte können erteilt oder entzogen werden.

r = Leseerlaubnis (read)

w = Schreiberlaubnis (write)

x = Ausführungserlaubnis (execute)

– = Erlaubnis ist nicht erteilt

t = Der Code eines Programms bleibt auch nach seiner Ausführung im Swap-Bereich (Textsegment-Bit).

s = Steht statt der Ausführungserlaubnis des Eigentümers oder der Gruppe ein 's', wird bei der Ausführung der Datei die Benutzernummer (Set-User-ID-Bit) bzw. die Gruppennummer (Set-Group-ID-Bit) des Eigentümers benutzt und nicht die des Aufrufenden.

Bezogen auf ein Verzeichnis bezeichnet 'x' die Berechtigung dieses Verzeichnis nach einem bestimmten Dateinamen zu durchsuchen.
Die Angabe von 's' und 't' erfolgt in Großbuchstaben, wenn die entsprechende Ausführungserlaubnis nicht erteilt wurde.

DATEIEN:

/etc/passwd = Enthält die Benutzernummern

/etc/group = Enthält die Gruppennummern

HINWEIS:

Enthalten Dateinamen nichtdruckbare Zeichen, können Unregelmäßigkeiten in der spaltenweisen Ausgabe auftreten.

du – Ermittlung der Speicherbelegung

SYNTAX:

du [-ars] [*Name* ...]

BESCHREIBUNG:

Mit diesem Befehl können Sie den gesamten beanspruchten Speicherplatz sowie die Größe einzelner Dateien und Verzeichnisse am Bildschirm abfragen. Im Falle eines Verzeichnisses wird der von diesem Verzeichnis selbst belegte Platz sowie der sämtlicher zugehörigen Unterverzeichnisse angezeigt.
Die Angaben beziehen sich dabei auf Blöcke, d. h. der du-Befehl ist damit dem Befehl ls mit der Option '-s' vergleichbar.

Dateien mit zwei und mehr Links werden nur einmal gezählt.

Optionen:

-a Für jede vorhandene Datei wird die Anzahl der Blöcke einzeln angezeigt. Diese Option müssen Sie auch dann verwenden, wenn Sie sich über die Größe einer einzelnen Datei informieren wollen.

-s Die Gesamtzahl aller beanspruchten Blöcke wird angezeigt.

-r Normalerweise werden Verzeichnisse, die nicht gelesen, und Dateien, die nicht eröffnet werden können, bei der Ermittlung des Speicherplatzes nicht berücksichtigt. Bei der Verwendung der Option '-r' erhalten Sie in solchen Fällen eine Fehlermeldung.

Wird du ohne Option eingegeben, erhalten Sie die Anzahl Blöcke je Verzeichnis.

HINWEISE:

Geben Sie die '-a'-Option nicht an, werden nur Verzeichnisse ausgewertet.
Wird eine gewisse Anzahl von Dateien mit mehreren Links überschritten, zählt du den Speicherplatz mehr als ein Mal.
Bei Dateien, die Leerräume enthalten, werden die belegten Blöcke eventuell nicht ganz korrekt angegeben.

4.2.2 Dateien

Das Anlegen von Dateien durch Umlenken der Standardausgabe wurde bereits im Kapitel „Standardeingabe; Standardausgabe" beschrieben.
Zum Löschen steht Ihnen der Befehl rm zur Verfügung.

Zusätzlich zum expliziten Anlegen einer Datei haben Sie die Möglichkeit der Verknüpfung mit bestehenden Dateien. Hierfür benötigen Sie den Befehl ln (s. Kapitel „Alias-Namen für Dateien").

ln – Erstellen einer Verknüpfung (Link)

SYNTAX:

ln [-f] *Datei* ... [*Name*] ...

BESCHREIBUNG:

Ln gibt der angegebenen Datei einen weiteren Namen, mit dem sie ebenfalls angesprochen werden kann. Eine Verknüpfung ist also ein Verzeichnis-Eintrag, der sich auf *Datei* bezieht. Jede einzelne Datei, inklusive ihrer Größe, ihrer Zugriffsrechte usw., kann mehrere Verknüpfungen haben. Es gibt keine Möglichkeit einen Link von dem ursprünglichen Verzeichniseintrag einer Datei zu unterscheiden. Jede Veränderung von *Datei* bezieht sich automatisch auch auf alle zugehörigen Verknüpfungen.

Geben Sie keinen Namen an, wird die Verknüpfung in Ihrem aktuellen Verzeichnis mit dem letzten Teil des Pfadnamens von *Datei* angelegt.

Stellt ln fest, das der angegebene Name ein Verzeichnis betrifft für das Sie keine Schreiberlaubnis haben, wird der Modus am Bildschirm angezeigt und Ihre Antwort abgewartet. Beginnt diese mit einem 'y' wird der Befehl ausgeführt, in allen anderen Fällen terminiert. Diese Abfrage unterbleibt, wenn Sie die '-f'-Option benutzen oder die Standardeingabe nicht Ihr Terminal ist.

Verknüpfungen mit einem Verzeichnis oder über unterschiedliche Dateisysteme sind nicht möglich.

4.2.3 Schutzmechanismen

chmod – Ändern der Zugriffsrechte

SYNTAX:

chmod *Modus Datei* ...

BESCHREIBUNG:

Chmod ändert die Zugriffsrechte der angegeben Dateien. Sie können den Modus absolut oder symbolisch angegeben.

Die Angabe absoluter Modi geschieht mit Hilfe von Oktalzahlen und zwar folgendermaßen:

4000 Set-User-ID-Bit wird auf Ausführung gesetzt.

2000 Set-Group-ID-Bit wird auf Ausführung gesetzt.

1000 Das Textsegment-Bit wird gesetzt.

0400 Leseerlaubnis für den Eigentümer.

0200 Schreiberlaubnis für den Eigentümer.

0100 Ausführungserlaubnis (Sucherlaubnis im Verzeichnis) für den Eigentümer.

0070 Lese-, Schreib- und Ausführungserlaubnis (gleichzeitig Sucherlaubnis) für die Gruppe des Eigentümers.

0007 Lese-, Schreib- und Ausführungserlaubnis (gleichzeitig Sucherlaubnis) für den „Rest der Welt".

Die symbolische Angabe hat folgende Form:

[*wer*] *SymbolErlaubnis*,...

wer ist eine Kombination der Buchstaben 'u' (user=eigene Erlaubnis), 'g' (Gruppe) und 'o' (others=alle anderen). 'a' steht für 'ugo'. Wird *wer* nicht angegeben, ist der Default-Wert 'a'. Sie können mehrere symbolische Modi, getrennt durch Kommata, spezifizieren.

Symbol-Codes sind:

\+ Hinzufügen einer Erlaubnis

– Löschen einer Erlaubnis

= Zuordnung einer absoluten Erlaubnis

Erlaubnis ist jede Kombination der Buchstaben r (read=lesen), w (write=schreiben), x (execute=ausführen), t (Code bleibt im Swap-Bereich und s (bei Ausführung wird Gruppen- oder Benutzernummer des Eigentümers benutzt). *Erlaubnis* nicht anzugeben ist nur sinnvoll, wenn '=' zum Entziehen jeglicher Rechte verwendet wird.

Beispiel 1:

chmod o-w *Datei*

Erlaubnis zum Schreiben hat nur noch der Eigentümer der Datei sowie die Angehörigen seiner Gruppe. Allen anderen Benutzern ist dieses Recht verwehrt.

Beispiel 2:

chmod +x *Datei*

Erlaubnis zum Ausführen von *Datei* ist allen Benutzern erteilt.

Mehrere symbolische Modi, getrennt durch Kommata, können angegeben werden.

Nur der Eigentümer einer Datei oder der Superuser kann die zugehörigen Zugriffsrechte ändern und nur der Superuser sollte das Textsegment-Bit setzen.

chown – Ändern der Eigentümer

SYNTAX:

chown *Eigentümer Datei*...

BESCHREIBUNG:

Chown ändert den ursprünglichen Eigentümer der angegebenen Datei in *Eigentümer*. Die Angabe des neuen Eigentümers kann sowohl als dezimale Benutzer-ID erfolgen, als auch der Login-Name – wie in /etc/passwd eingetragen – sein.

Nur der Superuser oder der Eigentümer der betroffenen Dateien kann diesen Befehl aufrufen. Beim Aufruf durch den Eigentümer werden Set-User-ID-Bit bzw. Set-Group-ID-Bit – falls aktiv – zurückgesetzt.

DATEI:

/etc/passwd

chgrp – Ändern der Gruppe

SYNTAX:

chgrp *Gruppe Datei* ...

BESCHREIBUNG:

Chgrp ändert die Gruppen-ID von *Datei* in die Gruppen-ID von *Gruppe*. *Gruppe* kann sowohl eine dezimale Gruppen-ID als auch ein Gruppenname sein, der in der Datei /etc/group definiert ist.

Nur der Superuser oder der Eigentümer der betroffenen Dateien kann diesen Befehl aufrufen. Beim Aufruf durch den Eigentümer werden Set-User-ID-Bit bzw. Set-Group-ID-Bit – falls aktiv – zurückgesetzt.

DATEI:

/etc/group

umask – Einstellen der Standardwerte für Zugriffsrechte

SYNTAX:

umask [*OktalzifferOktalzifferOktalziffer*]

BESCHREIBUNG:

Die Standard-Werte für Zugriffsrechte beim Anlegen von Benutzerdateien werden umgestellt. Die drei Oktalziffern stehen für die Lese-, Schreib- und Ausführungsrechte für den Eigentümer, die Gruppe und andere.
Der Wert jeder angegebenen Ziffer wird von der korrespondierenden Ziffer – die vom System für das Anlegen von Dateien spezifiziert ist – subtrahiert.

Beispiel:

umask 022

Schreiberlaubnis wird der Gruppe und dem „Rest der Welt" entzogen. Dateien, die gewöhnlich mit dem Modus 777 angelegt würden, bekommen dann den Wert 755. Dateien, die mit dem Wert 666 angelegt wurden, werden auf den Status 644 gesetzt.

Wird kein Parameter angegeben, wird der derzeitige Wert der Maske angezeigt.

4.2.4 Bewegen im Verzeichnisbaum

cd – Wechseln des aktuellen Verzeichnisses

SYNTAX:

cd [*Verzeichnis*]

BESCHREIBUNG:

Das angegebene Verzeichnis wird Ihr neues aktuelles Verzeichnis. Voraussetzung ist allerdings, daß Sie eine Ausführungserlaubnis für dieses Verzeichnis haben.
Der Verzeichnisname kann als relativer Pfadname (bezogen auf Ihr aktuelles Verzeichnis) oder als voller Pfadname – beginnend mit / vom Wurzelverzeichnis an – angegeben werden. Mit cd .. gelangen Sie in das nächsthöhere Verzeichnis.

Cd ohne Argument bringt Sie aus einem beliebigen Verzeichnis in das Verzeichnis, welches in der Shell-Variablen $HOME (Home-Verzeichnis) eingetragen ist. Normalerweise ist dies Ihr Login-Verzeichnis.

pwd – Anzeige aktuelles Verzeichnis

SYNTAX:

pwd

BESCHREIBUNG:

Pwd zeigt den vollen Pfadnamen des aktuellen Verzeichnisses an.

HINWEISE:

Bekommen Sie beim Aufruf von pwd Hinweise, daß Dateien nicht eröffnet oder gelesen werden können, weist dies auf Inkonsistenzen im Dateisystem hin. In solchen Fällen sollten Sie Ihren Systemverwalter einschalten.

4.3 Dateiverarbeitung

Wie zur Dateiverwaltung stellt die Shell auch zur Dateiverarbeitung mächtige Werkzeuge zur Verfügung.

4.3.1 Suchen und Bearbeiten

find – Suchen von Dateien

SYNTAX:

find *Pfadnamen-Liste Bedingungen*

BESCHREIBUNG:

Find durchsucht die Verzeichnisse, die in *Pfadnamen-Liste* angegeben wurden sowie deren Unterverzeichnisse nach Dateien, die die angegebenen *Bedingungen* erfüllen. In *Pfadnamen-Liste* werden einer oder mehrere Pfadnamen angegeben, die durch Leerstellen oder Tabs getrennt sein müssen.

BEDINGUNGEN:

-name *Dateiname*	Namensangabe der zu suchenden Datei.
-perm *Oktalzahl*	Suche von Dateien, deren Zugriffsrechte der angegebenen Oktalzahl entsprechen.
-type *x*	Angabe des Dateityps: b = Gerätedatei (blockorientiert) c = Gerätedatei (zeichenorientiert) d = Verzeichnis p = Fifodatei f = Datendatei
-links *n*	Suche von Dateien mit *n* Links.
-user *Name*	Suche von Dateien des angegebenen Benutzers. Wird *Name* numerisch angegeben und ist in dieser Form nicht als ein Login-Name in der Datei /etc/passwd eingetragen, wird die Zahl als User-ID interpretiert.
-group *Name*	Suche von Dateien der angegebenen Gruppe. Wird *Name* numerisch angegeben und ist in dieser Form nicht als ein Gruppen-Name in der Datei /etc/group eingetragen, wird die Zahl als Gruppen-ID interpretiert.
-size *n*[c]	Suche von Dateien mit *n* Blöcken. Geben Sie zusätzlich c an, bezieht sich die Anzahl *n* auf Zeichen.
-atime *n*	Suche von Dateien, auf die vor *n* Tagen zugegriffen wurde.
-mtime *n*	Suche von Dateien, die vor *n* Tagen modifiziert wurden.
-ctime *n*	Suche von Dateien, deren I-Knoten vor *n* Tagen geändert wurden.

-exec *Befehl* [{}]\;	Suche der angegebenen Dateien und Ausführung von *Befehl*. Das Kommando-Argument {} wird durch den aktuellen Pfadnamen ersetzt.
-ok *Befehl* [{}]\;	Wie '-exec', jedoch wird vor Ausführung des Befehls Ihre Bestätigung durch Eingabe von 'y' gefordert.
-print	Anzeige der Pfadnamen der Dateien, die die angegebenen Bedingungen erfüllen.
-cpio *Gerät*	Ausgabe der Datei auf das angegebene Gerät. Die Ausgabe erfolgt im cpio-Format (5120 Bytes/Satz).
-newer *Datei*	Suche von Dateien, die zu einem späteren Zeitpunkt geändert wurden als die angegebene Datei.
-depth	Die Einträge eines Verzeichnisses werden eher durchsucht als das Verzeichnis selbst. Dies ist sinnvoll wenn Sie find in Verbindung mit cpio benutzen, um Dateien zu übertragen, für deren Verzeichnisse Sie keine Schreiberlaubnis haben.
\(*Ausdruck* \)	Rückgabe-Code 0, wenn der in Klammern angegebene Ausdruck wahr ist. Da die Klammern für die Shell spezielle Zeichen bedeuten, müssen sie mit einem vorangestellten Backslash (\) angegeben werden.

Parameter der Bedingungen:

n =	Dezimalzahl (genau *n*)
-*n* =	Weniger als *n*
+*n* =	Mehr als *n*
-a =	Bei der Angabe mehrerer Bedingungen, werden nur die Dateien angezeigt, die alle Bedingungen gleichzeitig erfüllen
() =	Werden Bedingungen in Klammern angegeben, müssen die gesuchten Dateien diese gleichzeitig erfüllen.
-o =	Wird eine von mehreren geforderten Bedingungen erfüllt, so gilt die Datei als gefunden (Oder-Funktion).
! =	Sucht alle Dateien, die die nachgestellten Bedingungen nicht erfüllen.

Beispiel:

```
find / \( -name a.out -o -name '*.o \) -atime +7 -exec rm {} ;
```

Alle Dateien mit Namen a.out oder *.o, auf die seit einer Woche nicht zugegriffen wurde, werden gelöscht.

DATEIEN:

/etc/passwd
/etc/group

grep, egrep, fgrep – Durchsuchen von Dateien nach Suchmustern

SYNTAX:

grep [-Option ...] *Suchmuster* [*Datei* ...]

egrep [-Option ...] [*Suchmuster*][*Datei* ...]

fgrep [-Option ...] [*Zeichenkette* ...] [*Datei* ...]

BESCHREIBUNG:

Die grep-Kommandos durchsuchen die Eingabedateien (Defaultwert ist die Standardeingabe) nach Zeilen, die das angegebene Suchmuster enthalten.
Jede so gefundene Zeile wird auf der Standardausgabe angezeigt. Grep-Suchmuster sind auf reguläre Ausdrücke im Sinne von 'ed' beschränkt. Suchmuster bei egrep sind ebenfalls reguläre Ausdrücke. Im Gegensatz zu grep benutzt egrep einen schnellen Algorithmus, der exponentiell anwachsenden Speicherplatz belegt. Fgrep-Suchmuster sind feste Zeichenketten; das Programm ist schnell und belegt konstanten Speicher.

Optionen:

-v	Anzeige der Zeilen, in denen das Suchmuster **nicht** enthalten ist.
-x	Nur Zeilen, die in ihrer Gesamtheit dem Suchmuster entsprechen, werden angezeigt (nur fgrep).
-c	Anzeige der Anzahl der gefundenen Zeilen.
-i	Keine Unterscheidung zwischen Klein- und Großbuchstaben während des Vergleichs.
-l	Nur die Namen der Dateien, die Zeilen enthalten, auf die das Suchmuster paßt, werden ausgegeben.
-n	Jeder ausgegebenen Zeile wird die entsprechende Zeilennummer innerhalb ihrer Datei vorangestellt.
-b	Jeder ausgegebenen Zeile wird die entsprechende Blocknummer vorangestellt.
-s	Die Fehlermeldungen für nicht existierende oder nicht lesbare Dateien werden unterdrückt (nur grep).
-e *Suchmuster*	Beginnt ein Suchmuster mit einem Bindestrich, muß '-e' vorangestellt werden, um das Suchmuster von einer Option zu unterscheiden (nur egrep und fgrep).
-f *Datei*	Der reguläre Ausdruck (egrep) oder die Zeichenkette (fgrep) wird aus *Datei* entnommen.

In allen Fällen wird der Dateiname ausgegeben, wenn mehr als eine Eingabedatei vorhanden ist.
Vorsicht ist bei der Angabe folgender Zeichen in *Suchmuster* geboten: **$**, *****, [, ^, |, (,) und \ haben für die Shell eine besondere Bedeutung. *Suchmuster*, die solche Zeichen enthalten, müssen daher in einfache Hochkommata eingeschlossen werden.

Fgrep sucht nach Zeilen, die eine der angegebenen Zeichenketten – getrennt durch ein Zeilenende-Zeichen – enthalten.

Egrep akzeptiert reguläre Ausdrücke wie bei ed, außer \(und \). Hinzu kommt:

1. Von einem '+' gefolgte reguläre Ausdrücke passen auf ein oder mehrere Vorkommen des regulären Ausdrucks im Text.

2. Ein '?' nach einem regulären Ausdruck entspricht entweder keinem oder genau einem Vorkommen dieses Ausdrucks.

3. Zwei reguläre Ausdrücke, die durch '|' oder Zeilenvorschub getrennt sind, stellen Alternativen dar, d. h. es wird nach Übereinstimmung mit dem einen oder dem anderen Ausdruck gesucht.

4. Ein regulärer Ausdruck kann zum Zweck der Gruppierung mit runden Klammern versehen werden.

Die Prioritätenfolge der Operatoren ist '[]', dann '*?+', die Verkettung '|' und schließlich das Zeilenvorschubzeichen.

MELDUNGEN:

Wenn Übereinstimmungen gefunden werden, ist der Ergebnisstatus 0, wenn nicht, 1. Bei Syntaxfehlern oder bei nicht lesbaren Dateien ist der Rückgabe-Code 2.

HINWEISE:

Zeilen sollten auf „BUFSIZE"-Größe begrenzt sein, da sie sonst bei der Verarbeitung verstümmelt werden. (BUFSIZE ist in /usr/include/stdio.h definiert.)
Egrep erkennt keine Zusammenfassung von Zeichen (z. B. [a-z]).

awk – Mustererkennungs- und Verarbeitungssprache

SYNTAX:

awk [-Fc] [*Programm*] [*Datei* ...]

BESCHREIBUNG:

Awk durchsucht jede Eingabedatei nach Zeilen, auf die ein oder mehrere Muster aus *Programm* passen. Mit jedem Muster in *Programm* kann eine Aktion verbunden sein, die ausgeführt wird, wenn das Muster auf eine Textzeile paßt. Die Muster können entweder im Klartext auf der Kommandozeile als *Programm* erscheinen oder mit -f *Programm* angegeben werden.

Die Eingabedateien werden der Reihe nach gelesen; sind keine angegeben, so wird aus der Standardeingabe gelesen; der Dateiname '-' bezeichnet dabei die Standardeingabe. Jede Zeile wird mit dem Musterteil jeder Programmzeile verglichen; die zugehörige Aktion wird für jede gefundene Übereinstimmung ausgeführt.

Eine Eingabezeile besteht aus Feldern, die durch Tabulatorzeichen oder Leerzeichen (white space) getrennt sind. (Diese Standardeinstellung kann durch FS geändert werden, s. d.) Die Felder werden mit **$**1, **$**2, ..., **$**n bezeichnet; **$**0 bezieht sich auf die gesamte Zeile.

Eine Programmzeile hat die Form:

Muster {*Aktion*}

Eine fehlende {*Aktion*} bedeutet, daß die Eingabezeile ausgegeben wird. Ein fehlendes *Muster* paßt auf alle Zeilen.

Eine *Aktion* ist eine Reihe von Anweisungen der folgenden Form:

if (*Bedingung*) *Anweisung* [**else** *Anweisung*]

while (*Bedingung*) *Anweisung*

for (*Ausdruck*; *Bedingung*; *Ausdruck*) *Anweisung*

break

continue

{[*Anweisung*] ...}

Variable = *Ausdruck*

print [*Liste von Ausdrücken*] [> *Ausdruck*]

printf *Format* [, *Liste von Ausdrücken*] [> *Ausdruck*]

next # Überspringe restliche Muster in der Eingabezeile

exit # Überspringe den Rest der Eingabe

Eine Anweisung wird durch ein Semikolon, ein Zeilenendezeichen oder die geschlossene geschweifte Klammer beendet. Eine leere Liste von Ausdrücken steht für die gesamte Zeile. Ein Ausdruck nimmt je nach Kontext entweder einen Textwert oder einen numerischen Wert an. Er wird mit Hilfe der Operatoren '+', '-', '*', '/', '%' und ' ' (Leerzeichen für Verkettung) gebildet.

Die C-Operatoren '++', '--', '+=', '==', '*=', '/=' und '%=' können Sie ebenfalls in Ausdrücken verwenden. Variable können Skalare, Arrayelemente (mit x[i] bezeichnet) oder Felder sein. Sie werden mit der leeren Zeichenkette initialisiert. Array-Indizes müssen nicht unbedingt numerisch sein; dies erlaubt eine Art von assoziativer Speicherung. Zeichenkettenkonstanten werden mit doppelten Anführungsstrichen ("...") markiert.

Die print-Anweisung gibt ihre Argumente auf die Standardausgabe aus (oder in eine Datei, wenn > *Datei* angegeben ist), getrennt durch das aktuelle Ausgabefeldtrennzeichen und durch das Ausgabesatztrennzeichen. printf formatiert die Liste von Ausdrücken gemäß dem angegebenen Format.

Die eingebaute Funktion length gibt die Länge ihrer Argumente, als Zeichenkette aufgefaßt, zurück. Falls keine Argumente vorhanden sind, ist die Länge der Gesamtzeile gemeint. Außerdem gibt es die eingebauten Funktionen exp, log, sqrt und int. Letztere schneidet ihr Argument auf einen ganzzahligen Wert ab.

Substr (*s*, *m*[, *n*]) gibt eine Teilkette von *s* der Länge *n* zurück, die bei Position *m* beginnt. Die Funktion sprintf (*Fmt*, *Ausdruck*) formatiert die angegebenen Ausdrücke gemäß dem in Fmt angegebenen Format und gibt die resultierende Zeichenkette zurück.

Ein *Muster* ist eine beliebige logische Verknüpfung ('!', '||', '&&') von regulären Ausdrücken und Vergleichsausdrücken. Reguläre Ausdrükke müssen von Schrägstrichen eingeschlossen sein und sind die gleichen wie in egrep. Einzelne reguläre Ausdrücke in einem Muster beziehen sich auf die gesamte Zeile. Sie können auch in Vergleichsausdrücken vorkommen.

Ein Muster kann aus zwei Mustern bestehen, die durch ein Komma getrennt sind. In diesem Fall wird die Aktion für alle Zeilen zwischen dem Vorkommen des ersten und dem Vorkommen des zweiten Musters ausgeführt.

Ein *Vergleichsausdruck* ist einer der folgenden:

Ausdruck Erkennungsausdruck regulärer Ausdruck

Ausdruck Vergleichsoperator Ausdruck

wobei *Vergleichsoperator* irgendeiner der 6 Vergleichsoperatoren in C sein kann und *Erkennungsoperator* entweder '~' (enthält) oder '!~' (enthält nicht).

Eine *Bedingung* ist ein arithmetischer Ausdruck, ein Vergleichsausdruck oder eine logische Kombination von beiden.

Die speziellen Muster BEGIN und END können benutzt werden, um die Steuerung vor der ersten und nach der letzten Zeile zu übernehmen. BEGIN muß dabei das erste Muster sein und END das letzte.

Ein einzelnes Zeichen *c* können Sie als Feldtrennzeichen definieren, indem Sie das Programm mit

```
BEGIN {FS=c}
```

beginnen oder beim Programmaufruf die '-Fc'-Option benutzen.

Andere Variablennamen mit spezieller Bedeutung sind NF (Anzahl der Felder in der laufenden Eingabezeile); NR (die Ordnungsnummer der laufenden Eingabezeile); FILENAME (Name der momentanen Eingabedatei); OFS (Ausgabefeldtrennzeichen, standardmäßig das Leerzeichen); ORS (Ausgabesatztrennzeichen, standardmäßig das Zeilenendezeichen) und OFMT (Ausgabeformat für Zahlen, standardmäßig %.6g).

BEISPIELE:

Gebe alle Zeilen aus, die länger als 72 Zeichen sind:

```
length > 72
```

Gebe die beiden ersten Felder in umgekehrter Reihenfolge aus:

```
{print $2, $1}
```

Addiere jeweils das erste Feld, gebe die Summe und den Durchschnitt aus:

```
    {s += $1}
END {print "Summe:" , S, "Durchschnitt:" , s/NR}
```

Gebe die Felder in umgekehrter Reihenfolge aus:

```
{for (i = NF; i > 0; --i) print $i}
```

Gebe alle Zeilen zwischen dem Vorkommen von /start/ und /stop/ aus (diese eingeschlossen):

```
/start/, /stop/
```

Gebe alle Zeilen aus, deren erstes Feld vom ersten Feld der vorherigen Zeilen verschieden ist:

```
$1 != prev {print; prev = $1}
```

HINWEIS:

Es gibt keine explizite Unterscheidung zwischen Zahlen und Zeichenketten. Damit ein Ausdruck als Zahl aufgefaßt wird, addiere man 0; damit er als Zeichenkette aufgefaßt wird, hänge man die leere Zeichenkette an (' ').

pr — Dateien ausdrucken

SYNTAX:

pr [*Optionen*] [*Datei* ...]

BESCHREIBUNG:

Pr gibt die angegebenen Dateien auf der Standardausgabe aus. Ist *Datei* gleich -, wird die Standardeingabe gelesen. Standardmäßig wird die Ausgabe in Seiten unterteilt, wobei jede mit Seitennummer, Datum, Zeit und Dateinamen versehen wird.

Mehrspaltige Ausgabe ist möglich. Standardmäßig sind die Spalten von gleicher Breite und werden durch mindestens ein Leerzeichen getrennt; nicht passende Zeilen werden abgeschnitten. Wenn die '-s'-Option verwendet wird, werden die Zeilen nicht abgeschnitten und die Spalten werden durch das angegebene Trennzeichen unterteilt.

Ist die Standardausgabe einem Terminal zugeordnet, werden Fehlermeldungen solange zurückgehalten, bis die Ausgabe abgeschlossen ist.

Die folgenden Optionen können einzeln oder in beliebiger Reihenfolge angewandt werden:

+*k* Der Ausdruck wird mit Seite *k* begonnen (Standard 1).

-*k* Es wird ein *k*-spaltiger Ausdruck erzeugt (Standard 1). Die Optionen '-e' und '-i' werden für mehrspaltigen Ausdruck ausgewertet.

-a Mehrspaltiger Ausdruck.

-m Mische und drucke alle angegebenen Dateien gleichzeitig, je eine pro Spalte (übersteuert die '-k' und die '-a'- Option).

-d Die Ausgabe wird jeweils mit einer Leerzeile Zwischenraum gedruckt.

-e*ck* Die Eingabetabulatoren positionieren die Ausgabe auf die Zeichenpositionen *k*+1, 2**k*+1, usw. Wenn *k* gleich 0 ist oder weggelassen wird, werden Standardtabulatoren an jeder achten Position angenommen.

Tabulatorzeichen im Eingabestrom werden auf die entsprechende Zahl von Leerzeichen expandiert. Ist *c* angegeben, wird es als Eingabetabulatorzeichen behandelt. Standard für *c* ist das ASCII- Tabulatorzeichen.

-i*ck* In der Ausgabe wird „white space" an den Stellen *k*+1, 2**k*+1, usw. durch Tabulatorzeichen ersetzt. Wenn *k* gleich 0 ist oder ausgelassen wird, werden als Standardpositionen jede achte Position angenommen.

Ist *c* (irgendein Zeichen, das keine Ziffer ist) angegeben, wird es als Ausgabetabulatorzeichen verwendet. Standard für *c* ist das ASCII-Tabulatorzeichen.

-nc*k* Eine Zeilennumerierung von *k* Ziffern (Standard für *k* ist 5) wird erzeugt. Die Nummer nimmt die ersten *k*+1 Stellen jeder Spalte des normalen Ausdrucks oder jeder Zeile der '-m'-Ausgabe ein. Wenn *c* angegeben ist (irgendein Zeichen, das keine Ziffer ist), wird es an die Zeilennummer angehängt, um sie vom folgenden Text zu trennen (Standard ist hier wiederum das ASCII-Tabulatorzeichen).

-w*k* Die Breite einer Zeile wird auf *k* Zeichenpositionen festgesetzt (Standard ist 72 für gleichbreite, mehrspaltige Ausgabe, ansonsten besteht keine Grenze).

-o*k* Jede Zeile wird um *k* Zeichenpositionen eingerückt (Standard: 0). Die Anzahl der Zeichenpositionen pro Zeile ist die Summe aus Breite und Einrückung.

-l*k* Die Seitenlänge wird auf *k* Zeilen festgesetzt (Standard ist 66 Zeilen pro Seite).

-h *Name*
Name wird anstelle des Dateinamens als Kopfzeile genommen.

-p Wenn die Ausgabe am Terminal erfolgt, wird vor jedem Seitenanfang angehalten. Pr gibt ein akustisches Signal aus. Die Ausgabe der nächsten Seite wird fortgesetzt, wenn Sie <CR> drücken.

-f Um eine neue Seite anzufangen, wird das ASCII-Zeichen für Seitenvorschub (FF = Form Feed) genommen. Standardmäßig wird eine Reihe von Zeilenvorschüben erzeugt. Ansonsten verhält sich die Option wie '-p'.

-r Bei nicht vorhandenen Dateien werden keine Fehlermeldungen ausgegeben.

-t Weder der 5-zeilige Kopfzeilenbereich noch der fünfzeilige Fußzeilenbereich wird ausgedruckt. Nach der letzten Zeile jeder Datei wird die Ausgabe gestoppt, ohne zum Ende der Seite vorzurücken.

-s*c* Die Spalten werden anstelle der passenden Anzahl von Leerzeichen durch das einzelne Zeichen *c* getrennt. Standard ist das ASCII-Tabulatorzeichen.

BEISPIELE:

Drucke *Datei1* und *Datei2* als 3-spaltigen Ausdruck mit der Kopfzeile „Dateiliste" und mit eingestreuten Leerzeilen.

pr -3dh "Dateiliste" *Datei1 Datei2*

Kopiere *Datei1* nach *Datei2* und expandiere Tabulatorzeichen auf die Positionen 10, 19, 28, 37, ...

pr -e9 -t < *Datei1* > *Datei2*

sort – Sortieren oder Mischen von Dateien

Syntax:

sort [-cmubdfiMnrt*Zeichen*] [+*Pos1* [-*Pos2*]] ... [-o *Ausgabedatei*] [*Datei*] ...

BESCHREIBUNG:

Sort sortiert die angegebenen Dateien und sendet das Ergebnis nach Standardausgabe. Wird kein Dateiname angegeben, wird die Standardeingabe gelesen.

Optionen:

-b	Führende Blanks und Tabs werden ignoriert.
-d	Nur Buchstaben, Ziffern und Blanks werden beim Sortieren beachtet.
-f	Großbuchstaben werden als Kleinbuchstaben sortiert.
-i	Nichtdruckbare Zeichen beim nichtnumerischen Sortieren werden ignoriert.
-M	Monatsvergleich. Die ersten drei Zeichen des Sortierfeldes werden als Großbuchstaben angenommen und in folgender Form verglichen: JAN < FEB < ... < DEC. Buchstabenkombinationen, die keinem Monatsnamen entsprechen werden als < JAN eingestuft.
-n	Numerischer Vergleich. Die Zahlen dürfen führende Blanks, ein Vorzeichen und einen Dezimalpunkt enthalten (schließt '-b' ein).
-r	Rückwärtssortierung.
-t*Zeichen*	Sortierfelder werden durch *Zeichen* getrennt (Standard ist Blank).

Die Angabe von *Pos1* und *Pos2* verkürzt den Sortierschlüssel (normalerweise eine Zeile) auf ein Feld, welches bei *Pos1* beginnt und vor *Pos2* endet. Die Numerierung der Felder einer Zeile beginnt bei 0.

Ein Feld ist jeweils eine Zeichenfolge, die durch Blanks, Tabs oder Zeilenvorschub begrenzt ist. Mit der Option '-t*Zeichen*' wird die Begrenzung der Felder durch das angegebene Zeichen bzw. Zeilenvorschub festgelegt.

Pos1 und *Pos2* können auch in der Form *m.n* angegeben werden, wobei *m* die Zahl der Felder angibt, die vom Anfang der Zeile ab zu überspringen sind, und *n* die Zahl der zusätzlich zu überspringenden Zeichen beinhaltet. Der Defaultwert für *n* ist 0. Fehlt die Angabe von *Pos2* wird das Ende der Zeile angenommen.
Feldangaben können auch mit einer oder einer Kombination von Optionen verbunden werden. Diese Optionen gelten dann nur für das entsprechende Sortierfeld und überlagern die global angegebenen.

Beinhaltet das Sortierkriterium mehrere Felder, werden die nachfolgenden Felder nur sortiert, wenn die vorangegangenen Felder gleich sind.

Weitere Optionen:

-c	Überprüft, ob die Datei bereits sortiert ist.
-m	Mischen der angegebenen sortierten Dateien.
-o *Ausgabedatei*	Speicherung des Sortierergebnisses in die angegebene Datei.
-u	Löscht doppelt vorkommende Zeilen in der sortierten Datei. Zeichen außerhalb der angegebenen Schlüssel werden bei diesem Vergleich ignoriert.

Beispiele:

Sortiere den Inhalt von *Datei* und benutze dazu das zweite Feld als Sortierschlüssel:

sort +1-2 *Datei*

Sortiere in umgekehrter Reihenfolge den Inhalt von *Datei1* und *Datei2*. Der Sortierschlüssel ist das erste Zeichen des zweiten Feldes; das Ergebnis wird in *Ausgabedatei* abgestellt.

sort -r -o *Ausgabedatei* +1.0-1.2 *Datei1 Datei2*

HINWEIS:

Sehr lange Zeilen können verstümmelt werden.
Fehlt in der letzten Zeile einer Eingabedatei das Zeilenende-Zeichen, fügt sort eins an, gibt eine entsprechende Meldung aus und setzt die Verarbeitung fort.

uniq – Ermittlung doppelter Zeilen einer Datei

SYNTAX:

uniq [-udc] [+*n*] [-*n*] [*Eingabedatei*] [*Ausgabedatei*]

BESCHREIBUNG:

Uniq liest die *Eingabedatei* und überprüft benachbarte Zeilen auf Identität. Die zweite der doppelt vorkommenden Zeilen wird gelöscht, die verbleibende Zeile wird in die *Ausgabedatei* geschrieben. Wird keine Ein- oder Ausgabedatei angegeben, wird Standardeingabe bzw. -ausgabe angesprochen. Damit doppelte Zeilen gefunden werden können, muß die Datei sortiert sein, da nur benachbarte Zeilen überprüft werden.

Optionen:

-u	Anzeige der Zeilen, die sich nicht wiederholen.
-d	Anzeige der Zeilen, die sich wiederholen.
-c	Stellt jeder Zeile eine Zahl voran, aus der hervorgeht, wie häufig sie in der Datei vorhanden ist.
-*n*	Ignorierung der ersten *n* Felder sowie der ihnen vorangehenden Leerstellen oder Tabs. Felder sind Folgen von Zeichen, die durch Leerstellen oder Tabs getrennt sind.
+*n*	Ignorierung der ersten *n* Zeichen sowie der vorangehenden Leerstellen.

tr – Umwandlung von Zeichen

SYNTAX:

tr [-c] [-d] [-s] [*Zeichenkette1* [*Zeichenkette2*]]

BESCHREIBUNG:

Dieser Befehl überträgt die Eingabe von der Standardeingabe in die Standardausgabe. Dabei werden die Zeichen der *Zeichenkette1* in die entsprechenden Zeichen der *Zeichenkette2* umgewandelt.

Zeichenfolgen können auch verkürzt angegeben werden; so interpretiert das Programm z. B. [a-z] als die Gesamtheit aller kleinen Buchstaben des Alphabets oder [0-9] als die entsprechenden Ziffern in aufsteigender Reihenfolge.

Das Escapesymbol '\' muß – wie in der Shell – benutzt werden, um die Interpretation von Sonderzeichen zu unterdrücken.
Ein Backslash (\), gefolgt von einer ein-, zwei- oder dreistelligen Oktalzahl entspricht dem Zeichen, dessen ASCII-Code durch diese Ziffern dargestellt wird.

Optionen:

-c Alle Zeichen werden – mit Ausnahme der in *Zeichenkette1* angegebenen – umgewandelt (Komplement). Das Komplement bezieht sich auf die Menge aller ASCII-Zeichen im Bereich 01 bis 177 oktal.

-d Alle Zeichen der *Zeichenkette1* werden bei der Umwandlung gelöscht. Es muß keine zweite Zeichenkette angegeben werden; das Programm würde sie ignorieren.

-s Mit dieser Option werden alle sich wiederholenden Zeichen auf der Standardausgabe, die in der *Zeichenkette2* enthalten sind, auf ein Zeichen reduziert.

Die beschriebenen Optionen können beliebig miteinander kombiniert werden.

Beispiel:

Alle Ziffern sollen gelöscht und die Kleinbuchstaben in Großbuchstaben umgewandelt werden:

```
tr -d [0-9] | tr [a-z] [A-Z]
```

HINWEIS:

ASCII NUL wird nicht verarbeitet, sondern gleich bei der Eingabe gelöscht.

nl – Numerierung von Textzeilen

SYNTAX:

nl [-h*Typ*] [-b*Typ*] [-f*Typ*] [-v*Startnr*] [-i*Incr*] [-p] [-l*n*]
[-s*Sep*] [-w*n*] [-n*Format*] [-d*xx*] [*Datei*]

BESCHREIBUNG:

Nl liest Zeilen aus der genannten Datei oder – wenn keine Datei angegeben ist – aus der Standardeingabe und kopiert sie in die Standardausgabe. Die Zeilen werden auf der linken Seite entsprechend den verwendeten Optionen numeriert.

Die Zeilennumerierung erfolgt seitenweise, d. h. sie beginnt auf jeder Seite neu.

Eine Seite besteht aus einem Kopf-, Haupt- und Fußteil; leere Teile sind erlaubt. Verschiedene Zeilennumerierungsoptionen können unabhängig für den Kopf-, Haupt- und Fußteil verwendet werden, wie z. B. keine Numerierung der Kopf- und Fußzeilen; Numerierung auch der Leerzeilen im Hauptteil einer Seite usw.

Jeder Seitenabschnitt (Kopf-, Haupt- und Fußteil) beginnt mit einer Eingabezeile, die ausschließlich folgende Zeichen enthalten darf:

\:\:\: (Kopfteil)
\:\: (Hauptteil)
\: (Fußteil)

Falls andere als die o. a. Zeichen eingegeben werden, interpretiert das Program den Text vollständig als Hauptteil einer Seite.

Optionen dürfen in beliebiger Reihenfolge angegeben und im Zusammenhang mit einem einzigen optionalen Dateinamen verwendet werden.

Optionen:

-b*Typ* Diese Option gibt an, welche Hauptteilzeilen numeriert werden sollen:

Typ

a Numerierung aller Zeilen.

t Numerierung nur darstellbarer Textzeilen; dies ist der Standardtyp für die Zeilennumerierung eines Seiten-Hauptteils.

n Keine Numerierung.

p*string* Ausschließliche Numerierung der Zeilen, die den in *string* angegebenen regulären Ausdruck enthalten.

-h*Typ* Wie '-b*Typ*', nur für den Kopfteil. Standardtyp für den Kopfteil ist 'n'.

-f*Typ* Wie '-b*Typ*', nur für den Fußteil. Standardtyp für die Numerierung eines Fußteils ist 'n'.

-p Die Zeilennumerierung erfolgt fortlaufend ohne Neubeginn auf neuen Seiten.

-v*startnr* *Startnr* ist der für die Zeilennumerierung erforderliche Anfangswert. *Startnr* ist eine ganze Zahl (Standardwert ist 1).

-i*Incr* *Incr* ist der Wert, um den die Zeilennummer schrittweise erhöht wird. Standardwert ist 1.

-s*Sep* *Sep* sind ein oder mehrere Zeichen, die die Zeilennummer von der zugehörigen Textzeile trennen (Standard = Tab).

-w*n* Mit *n* wird die Anzahl Zeichen angegeben, die die Zeilennummer enthalten soll. Standard ist 6.

-n*Format* Diese Option enthält das Zeilennumerierungsformat. Folgende Werte sind möglich:

Format

ln linksbündig, führende Nullen werden unterdrückt;

rn rechtsbündig, führende Nullen werden unterdrückt (Standard);

rz rechtsbündig, führende Nullen bleiben erhalten.

-l*n* *n* gibt die Anzahl Leerzeilen an, die als eine Zeile gelten soll. Beispiel: '-l2' bedeutet, daß – bei Verwendung der Optionen '-ha', '-ba' und/oder '-fa' – nur jede zweite Leerzeile gezählt wird. Standard ist 1.

-d*xx* *xx* sind Begrenzungszeichen, die den Anfang einer logischen Seite spezifizieren. Wird nur ein Zeichen angegeben, erhält das zweite Zeichen den Defaultwert ':'. Zwischen '-d' und den Begrenzungszeichen darf kein Blank stehen. Für '\' (Backslash) müssen Sie '\\' eingeben.

Beispiel:

Nl numeriert die Zeilen von *Datei*. Die Numerierung beginnt in der zehnten Zeile mit einem Increment von 10. Das Begrenzungszeichen für die logischen Seiten ist '!+':

nl -v10 -i10 -d!+ *Datei*

tail – Anzeigen des letzten Teils einer Datei

SYNTAX:

tail [+-[*Zahl*] [lcb[f]]] [*Datei*]

BESCHREIBUNG:

Mit diesem Befehl haben Sie die Möglichkeit, den letzten Teil einer Datei am Bildschirm direkt anzeigen zu lassen, ohne daß die Datei vollständig ausgegeben wird. Sie können dabei exakt die Stelle festlegen, ab der die Anzeige erfolgen soll, indem Sie alternativ die Anzahl

- Zeilen [l]
- Zeichen [c]
- Blöcke [b]

angeben, die, vom Anfang der Datei [+] oder vom Ende [-] gerechnet, den Beginn der Anzeige bestimmt. Wird keine ***Zahl*** angegeben, ist der Standard 10. Geben Sie keine Einheit an, rechnet das Programm zeilenweise.

Die Option '-f' (follow) bewirkt bei Eingabedateien (keine Pipes), daß das Programm nach Kopieren der angegebenen Zeilen nicht beendet wird. Stattdessen wird eine Endlos-Schleife gestartet, in der tail jeweils eine Sekunde wartet und dann versucht, neu hinzugekommene Zeilen zu lesen und zu kopieren. Dies ist sinnvoll, um das Wachstum einer Datei (z. B. einer Log-Datei) zu überwachen, die von einem anderen Prozeß beschrieben wird.

Beispiele:

tail -f *Datei*

Tail gibt die letzten 10 Zeilen der angegebenen Datei aus, gefolgt von allen Zeilen, die danach angefügt wurden.

tail -15cf *Datei*

Tail gibt die letzten 15 Zeichen der angegebenen Datei aus, gefolgt von allen Zeilen, die zwischen Start und Beendigung von tail angefügt wurden.

HINWEIS:

Die Bearbeitung von zeichenorientierten Gerätedateien mit tail ist noch nicht ausgereift und kann zu Fehlbehandlungen führen.

4.3.2 Vergleichen

cmp – Vergleichen zweier Dateien

SYNTAX:

cmp [-l] [-s] *Datei1 Datei2*

BESCHREIBUNG:

Datei1 und *Datei2* werden miteinander verglichen. Wird anstelle *Datei1* ein '-' aufgerufen, wird die Standardeingabe gelesen. Dem cmp-Befehl folgt keine Ausgabe, wenn der Inhalt der verglichenen Dateien identisch ist. Sind Abweichungen vorhanden, werden die entsprechende Byte- und Zeilennummer angezeigt, in denen die Abweichungen beginnen.
Ist eine Datei der erste Teil der anderen, wird dies ebenfalls angezeigt.

Optionen:

-l Anzeigen der Bytenummer (dezimal) und der differierenden Bytes (oktal) für jede Abweichung.

-s Keine Anzeige von Abweichungen. Es werden nur Codes zurückgegeben:

0 = Die angegebenen Dateien sind identisch.
1 = Die angegebenen Dateien differieren.
2 = Fehlerhafte Eingabe.

comm – Suchen gleicher Zeilen in zwei Dateien

SYNTAX:

comm [-123] *Datei1 Datei2*

BESCHREIBUNG:

Comm liest *Datei1* und *Datei2*. Die Zeilen der Dateien müssen in ASCII-Reihenfolge sortiert sein. Anschließend werden die Zeilen dieser Dateien dreispaltig aufgelistet; die erste Spalte enthält die Zeilen, die nur in *Datei1* vorkommen, die zweite Spalte enthält die Zeilen, welche nur in *Datei2* enthalten sind und die dritte Spalte schließlich enthält die Zeilen, die in beiden Dateien vorkommen.

Die Optionen [-123] unterdrücken die Anzeige bestimmter Spalten.

Der Befehl:

comm -12 *Datei1 Datei2*

zeigt nur die Zeilen an, die in beiden Dateien vorhanden sind.

Der Befehl:

comm -23 *Datei1 Datei2*

zeigt die Zeilen, die nur in *Datei1* vorhanden sind, an.

diff – Ermittlung von Dateiunterschieden

SYNTAX:

diff [-efbh] *Datei1 Datei2*

BESCHREIBUNG:

Diff vergleicht *Datei1* und *Datei2* zeilenweise und zeigt die Unterschiede an. Wird *Datei1* oder *Datei2* mit '-' angegeben, wird die Standardeingabe gelesen. Ist *Datei1* (*Datei2*) ein Verzeichnis, wird die Datei in dem Verzeichnis verglichen, welche den gleichen Namen wie *Datei2 (Datei1*) hat.

Die Ausgabe enthält Zeilen des folgenden Formats:

n1 a n3,n4
n1,n2 d n3
n1,n2 c n3,n4

Diese Zeilen ähneln ed-Kommandos, um *Datei1* in *Datei2* umzuwandeln. Die Zahlen (n3 und n4) hinter den Buchstaben (a, d und c) sind Zeilenangaben in *Datei2*. Indem Sie 'a' durch 'd' ersetzen und die Zeile rückwärts lesen, erhalten Sie die Hinweise, um *Datei2* in *Datei1* umzuwandeln. Wie bei ed werden identische Paare (n1=n2 oder n3=n4) als einzelne Zahl dargestellt.
Jeder dieser Zeilen folgen die Zeilen, die in der ersten Datei betroffen sind. Sie werden durch '<' gekennzeichnet. Anschließend folgen die entsprechenden Zeilen der zweiten Datei, gekennzeichnet durch '>'.

-e Erstellung eines Scripts von 'a'-, 'c'- und 'd'-Kommandos für den Editor ed, um *Datei2* aus *Datei1* zu rekonstruieren.

-f Anzeige der Unterschiede in umgekehrter Reihenfolge.

-b Abschließende Leerstellen (Zwischenräume und Tabs) werden ignoriert. Andere Folgen von Leerzeichen werden als gleich lang angenommen.

-h Für Dateien „unbegrenzter" Länge. Arbeitet sehr schnell, jedoch nur, wenn die geänderten Passagen kurz und zudem noch deutlich voneinander abgegrenzt sind. Die Optionen '-e' und '-f' können nicht mit dieser Option kombiniert werden.

DATEIEN:

/tmp/d?????
/usr/lib/diffh für die Option '-h'.

bdiff – Vergleichen von großen Dateien

SYNTAX:

bdiff *Datei1* *Datei2* [*n*] [-s]

BESCHREIBUNG:

Bdiff wird in der gleichen Weise angewandt wie der diff-Befehl, um festzustellen, welche Zeilen in den angegebenen Dateien geändert werden müssen, damit sie identisch werden. Bdiff wird benutzt, um Dateien zu vergleichen, die für die Anwendung von diff zu lang sind. Bdiff ignoriert identische Zeilen am Anfang der Dateien, teilt den verbleibenden Rest in Abschnitte zu *n* Zeilen auf und veranlaßt den Vergleich der einzelnen Abschnitte durch diff. Default-Wert von *n* ist 3500. Die Angabe eines Wertes für *n* ist sinnvoll, wenn Abschnitte von 3500 Zeilen zu groß zum Vergleichen für diff sind. Geben Sie *Datei1* oder *Datei2* mit '-' an, wird die Standardeingabe gelesen.

Die Eingabe der '-s'-Option bewirkt, daß keine Fehlermeldung erfolgt.

Die Ausgabe von bdiff ist exakt die gleiche wie die Ausgabe von diff. Es werden Zeilennummern angegeben, die sich auf die einzelnen Abschnitte beziehen.

DATEI:

/tmp/bd?????

sdiff – Gleichzeitige Anzeige zweier Dateien

SYNTAX:

sdiff [*Optionen*] *Datei1 Datei2*

BESCHREIBUNG:

Sdiff benutzt die Ausgabe von diff, um nebeneinander eine Liste von zwei Dateien anzuzeigen, wobei unterschiedliche Zeilen gekennzeichnet werden.
Sind die Zeilen identisch, werden sie durch einen Leerraum getrennt; ist eine Zeile nur in *Datei1* vorhanden, wird dieses durch ein '<' angezeigt. Existiert eine Zeile nur in *Datei2* wird ein '>' ausgegeben; '|' bezeichnet unterschiedliche Zeilen.

Beispiel:

```
X | Y
a   a
b <
c <
d   d
  > c
```

Optionen:

-w*n* Die Zeilenlänge der Ausgabe beträgt *n* Zeichen. Standard ist 130 Zeichen pro Zeile.

-l Bei identischen Zeilen nur Anzeige von *Datei1*.

-s Identische Zeilen werden ab sofort nicht mehr angezeigt („Schweige-Modus").

-o*Ausgabedatei* *Ausgabedatei* wird angelegt, um dem Benutzer ein kontrolliertes Mischen von *Datei1* und *Datei2* zu ermöglichen. Identische Zeilen werden automatisch in *Ausgabedatei* kopiert, unterschiedliche Zeilen werden – in der oben beschriebenen Form markiert – angezeigt. Nach der Angabe jeder unterschiedlichen Zeile wartet sdiff mit einem '%'-Zeichen auf folgende Eingaben des Benutzers:

- l Einfügen der linken Spalte in *Ausgabedatei*.
- r Einfügen der rechten Spalte in *Ausgabedatei*.
- s Identische Zeilen werden ab sofort nicht mehr angezeigt („Schweige-Modus").
- e l Aufruf des Editors mit der linken Spalte.
- e r Aufruf des Editors mit der rechten Spalte.
- e b Aufruf des Editors mit der Verkettung der rechten und linken Spalte.
- e Aufruf des Editors mit einer leeren Datei.
- v „Schweige-Modus" wird ausgeschaltet.
- q Verlassen des Programms.

Beim Verlassen des Editors wird die editierte Datei an die *Ausgabedatei* angehängt.

diff3 – Vergleich von drei Dateiversionen

SYNTAX:

diff3 [-ex3] *Datei1 Datei2 Datei3*

BESCHREIBUNG:

Diff3 vergleicht drei Versionen einer Datei und zeigt differierende Textstellen – symbolisiert durch folgende Codes – an:

==== Alle drei Dateien differieren untereinander.

===1 *Datei1* differiert von *Datei2* und *Datei3*.

===2 *Datei2* differiert von *Datei1* und *Datei3*.

===3 *Datei3* differiert von *Datei1* und *Datei2*.

Die Änderungen der unterschiedlichen Dateien können folgendermaßen vorgenommen werden:

D:n1 a Der Text wird hinter *n1* in der Datei *D*, wobei *D* = 1, 2 oder 3 sein kann.

D:n1 ,n2 c Der Text wird in dem angegebenen Zeilenbereich – also zwischen *n1* und *n2* geändert. Ist *n1* = *n2* wird der Bereich auf *n1* verkürzt.

Optionen:

-e Für den Editor ed wird ein Script erstellt, das alle Unterschiede zwischen *Datei2* und *Datei3* enthält (==== und ===3). Dieses Script kann in *Datei1* eingefügt werden.

-x Erstellung eines Scripts für den Editor ed, indem die Unterschiede aller Dateien (====) enthalten sind.

-3 Erstellung eines Scripts für den Editor ed, indem die Unterschiede zwischen *Datei3* (===3) und den beiden anderen Dateien enthalten sind.

Mit dem folgenden Kommando können Sie das ed-Script in *Datei1* einfügen:
(cat script;echo '1,$p') | ed - *Datei1*

DATEIEN:

/tmp/d3*
/usr/lib/diff3prog

HINWEISE:

Textzeilen, die lediglich aus einem Punkt bestehen, heben die '-e'-Option auf.
Dateien, die länger als 64 Kilobytes sind, können von diff3 nicht bearbeitet werden.

4.3.3 Größenbestimmung

dd – Konvertieren und Kopieren von Dateien

SYNTAX:

dd [*Option*=*Wert*]

BESCHREIBUNG:

Dd konvertiert Dateien gemäß einer Eingabespezifikation.

Dieser Befehl ist eine große Hilfe beim Ein-/Ausgeben fremder Magnetbänder oder Dateien, die nicht den Spezifikationen des Zielsystems entsprechen.

Die möglichen Optionen mit den zugehörigen Werten sind:

if=*Datei*	Eingabedatei; Standard ist die Standardeingabe.
of=*Datei*	Ausgabedatei; Standard ist die Standardausgabe.
ibs=*n*	Eingabe-Blockgröße ist *n* Bytes; Standard ist 512 Bytes.
obs=*n*	Ausgabe-Blockgröße ist *n* Bytes; Standard ist 512 Bytes.
bs=*n*	Ein- und Ausgabe-Blockgröße sind *n* Bytes. Diese Option überlagert 'ibs' und 'obs'.
cbs=*n*	Größe des Konvertierungspuffers.
skip=*n*	*n* Sätze, vom Dateianfang gerechnet, werden überlesen.
seek=*n*	*n* Sätze der Ausgabedatei werden übersprungen, bevor das Kopieren beginnt.
count=*n*	Nur *n* Sätze werden kopiert.
conv=ascii	EBCEDIC nach ASCII.
ebcdic	ASCII nach EBCDIC.
ibm	ASCII nach EBCDIC gemäß IBM.
lcase	Buchstaben werden klein geschrieben.
ucase	Buchstaben werden groß geschrieben.
swap	Jedes Paar Bytes wird vertauscht.
noerror	Bei Fehlern wird die Verarbeitung fortgesetzt.
sync	Jeder Eingabesatz wird auf 'ibs'-Länge vergrößert.

Bei 'conv' können beliebig viele, durch Kommata getrennte Optionen eingegeben werden.

Wo Größen festzulegen sind, muß die entsprechende Anzahl Bytes angegeben werden, u. U. gefolgt von den Zeichen 'k', 'b' oder 'w' zur Kennzeichnung des Multiplikators:

k = 1024 (Kilo-Byte)

b = 512 (Blöcke)

w = 2 (Worte)

Zwei Zahlen können durch 'x' miteinander multipliziert werden, um anzudeuten, daß es sich um ein Produkt handelt.

Cbs wird nur bei 'ascii'- bzw. 'ebcdic'-Konvertierungen verwendet. Im ersten Fall werden die 'cbs'-Zeichen in den Konvertierungspuffer eingelesen, nach ASCII konvertiert, hinten anhängende Blanks abgeschnitten und ein Zeilenende-Zeichen hinzugefügt, bevor die Zeile ausgegeben wird.
Im zweiten Fall werden die ASCII-Zeichen in den Konvertierungspuffer eingelesen, nach EBCDIC konvertiert und der Datensatz für die Ausgabe durch Hinzufügen von Blanks der 'cbs'-Länge angepaßt.

Wenn die Verarbeitung abgeschlossen ist, wird sowohl für die Eingabe als auch für die Ausgabe die Anzahl der vollständig und teilweise belegten Blöcke angezeigt.

Beispiel:

Ein Magnetband mit einer Blockung von zehn 80-Byte EBCDIC-Sätzen pro Block soll in eine ASCII-Datei x eingelesen werden:

```
dd if=/dev/rmt0 of=x ibs=800 cbs=80 conv=ascii,lcase
```

Der dd-Befehl eignet sich hervorragend für I/O's auf unformatierten Speichermedien, da in beliebigen Satzlängen gelesen und geschrieben werden kann.

wc — Durchzählen von Dateiinhalten

SYNTAX:

wc [-lwc] [*Datei*...]

BESCHREIBUNG:

Wc zählt Zeilen, Wörter und Zeichen der angegebenen Dateien. Geben Sie keine Datei an, wird die Standardeingabe gelesen.

Zeilen werden durch <CR> getrennt, Wörter durch Leerstellen, Tabs oder <CR>.

Optionen:

-l Zählen der Zeilen

-w Zählen der Wörter

-c Zählen der Zeichen

Die Optionen können miteinander kombiniert werden. Geben Sie keine Option an, wird der Standard 'lwc' ausgeführt.

4.3.4 Duplizieren, Verketten, Ausgeben

cp – Kopieren

SYNTAX:

cp *Datei1 Datei2*

cp *Datei ... Verzeichnis*

BESCHREIBUNG:

Der Inhalt von *Datei1* wird in *Datei2* kopiert. Ist *Datei2* bereits vorhanden, bleiben Modus und Eigentümer von *Datei2* erhalten.

Geben Sie den zweiten Befehl an, werden eine oder mehrere Dateien unter ihrem ursprünglichen Namen in das angegebene Verzeichnis kopiert.

Der cp-Befehl erlaubt kein Kopieren, wenn die Zieldatei mit der Quelldatei identisch ist. Vorsicht ist daher bei der Angabe von Shell-Metazeichen geboten.

cat – Verketten und Anzeigen

SYNTAX:

cat [-u] [-s] [-v [-t] [-e]] [*Datei* ...]

BESCHREIBUNG:

Cat liest die Dateien in der angegebenen Reihenfolge und schreibt sie in die Standardausgabe.

Der Befehl

cat *Datei1 Datei2* > *Datei3*

verkettet also die Inhalte von *Datei1* und *Datei2* und stellt das Ergebnis in *Datei3* ab.

Bitte beachten Sie, daß bei einer Umleitung der Standardausgabe zuerst die Ausgabedatei angelegt wird; anschließend werden die angegebenen Dateien dorthin geschrieben. Wenn Sie also eine Eingabedatei gleichzeitig als Ausgabedatei benennen, wird die Eingabedatei zuerst gelöscht.

Ist keine Eingabedatei angegeben oder wenn Sie das Argument '-' benutzen, liest cat aus der Standardeingabe.

Optionen:

-u Ausgabe wird nicht gepuffert.

-s Die Anzeige über nicht existierende Dateien wird unterdrückt.

-v Ausgabe von nichtdruckbaren Zeichen (außer Tabulatorzeichen).

-t Zusätzliche Ausgabe von Tabulatorzeichen.

-e Ausgabe des $-Zeichens hinter jeder Zeile vor dem Zeilenende-Zeichen.

Die Optionen '-t' und '-e' können nur in Verbindung mit '-v' angegeben werden.

lp – Druckauftrag an Zeilendrucker-Spooler senden

SYNTAX:

lp [-c] [-d*Ziel*] [-m] [-n*Anzahl*] [-o*Option*] [-s] [-t*Titel*] [-w] [*Datei* ...]

BESCHREIBUNG:

Die mit lp abgesetzten Druckaufträge für die angegebenen Dateien werden vom Zeilendrucker-Spooler übernommen und an einen Drukker weitergeleitet. Geben Sie keine Dateien an, wird die Standardeingabe gelesen. Die Dateien werden in der von Ihnen angegebenen Reihenfolge gedruckt.

Lp erzeugt für jeden angenommenen Druckauftrag eine eindeutige Auftragsnummer und gibt diese nach Standardausgabe aus. Diese Nummer können Sie dazu verwenden, den Auftrag zu stornieren (s. cancel) oder den Status des Auftrags festzustellen (s. lpstat).

Die folgenden Optionen können in beliebiger Reihenfolge für verschiedene Dateinamen verwendet werden:

-c Es werden Kopien von den zu druckenden Dateien erstellt. Geben Sie diese Option nicht an, werden die Dateien nur gelinkt, d. h. jede Veränderung der Datei, die Sie zwischen Druckauftrag und Druck vornehmen, wird in den Ausdruck aufgenommen. Insbesondere sollten Sie keine Datei löschen, bevor sie vollständig gedruckt ist.

-d*Ziel* Ist *Ziel* ein Drucker, wird der Auftrag nur auf dem spezifizierten Drucker ausgedruckt. Ist *Ziel* eine Klasse von Druckern, wird der Auftrag auf dem ersten freien Drucker dieser Klasse ausgegeben.

Unter verschiedenen Bedingungen werden Aufträge für ein *Ziel* abgelehnt (s. lpstat). Geben Sie die '-d'-Option nicht an, wird *Ziel* aus der Umgebungsvariablen LPDEST entnommen (wenn sie gesetzt ist). Anderenfalls wird ein System-Default-Ziel benutzt (wenn es definiert ist). Die Namen für *Ziel* sind von System zu System verschieden.

-m Nach Beendigung des Druckauftrages wird durch mail eine entsprechende Nachricht an den Auftraggeber gesendet. Standardmäßig erfolgt bei korrekter Ausführung des Auftrags keine Nachricht.

-n*Anzahl* Der Ausdruck erfolgt mit der angegebenen Anzahl Kopien (Standard = 1).

-o*Option* Angabe von speziellen drucker- bzw. klassenabhängigen Optionen.

-s Nachrichten von lp werden unterdrückt.

-t*Titel* Ausdruck des angegebenen Titels auf der ersten Seite.

-w Durch write wird eine Meldung über die Beendigung des Druckauftrags auf Ihr Terminal geschrieben. Sind Sie zu diesem Zeitpunkt nicht angemeldet, wird die entsprechende Nachricht durch mail gesendet.

DATEIEN:

/usr/spool/lp/*

lpstat – Zeilendrucker-Statusinformationen anfordern

SYNTAX:

lpstat [*Optionen*]

BESCHREIBUNG:

Lpstat gibt Informationen über den aktuellen Status des LP-Spooler-Systems. Geben Sie keine Option an, werden die Stati Ihrer – mit lp abgesetzten – Druckaufträge aufgelistet.

Jedes angegebene Argument, daß keine Option ist, wird als Auftragsnummer (request id) interpretiert. Lpstat listet dann den Status dieser Aufträge.
Optionen können Sie in beliebiger Reihenfolge und zwischen Auftragsnummern angeben. Einige Optionen bieten die Möglichkeit, mit optionalen Listen zu arbeiten. Diese Listen können Sie in folgenden Formaten angeben:

– Liste von Argumenten, die durch Kommata voneinander getrennt werden.

– Liste von Argumenten, die durch Kommata und/oder Leerzeichen voneinander getrennt werden. Diese Liste muß in doppelte Hochkommata eingeschlossen werden.

Beispiel:

-u"*Benutzer1, Benutzer2, Benutzer3*"

Eine solche Liste selektiert die verfügbaren Informationen auf Grund der Einträge in dieser Liste, d. h. fehlt die Liste, werden alle Informationen ausgegeben, die durch die Option spezifiziert sind.

Beispiel:

lpstat -o

listet den Status aller Druckaufträge.

Optionen:

-a[*Liste*] Ausgabe des Akzeptanz-Status der in *Liste* angegebenen Drucker. *Liste* ist eine Liste von Druckernamen bzw. Druckerklassen.

-c[*Liste*] Ausgabe der Klassennamen und ihrer zugehörigen Drukker. *Liste* ist eine Liste von Klassennamen.

-d Ausgabe des System-Default-Ziels.

-p[*Liste*] Status-Ausgabe der in *Liste* angegebenen Drucker.

-r Status-Ausgabe des Spooler-Schedulers.

-s Ausgabe einer Status-Übersicht, die folgende Informationen enthält:

- Status des Spooler-Schedulers,
- Status des System-Default-Ziels,
- Liste von Klassen und der zugehörigen Drucker,
- Liste von Druckern und der zugeordneten Geräte.

-t Ausgabe aller Statusinformationen.

-u[*Liste*] Status-Ausgabe der Druckaufträge für die in *Liste* angegebenen Benutzer. In *Liste* tragen Sie die gewünschten Login-Namen ein.

-v[*Liste*] Ausgabe der in *Liste* angegebenen Druckernamen sowie die Pfadnamen der zugeordneten Geräte.

DATEIEN:

/usr/spool/lp/*

cancel — Druckauftrag an Zeilendrucker-Spooler löschen

SYNTAX:

cancel [*Auftragsnummer* ...] [*Drucker* ...]

BESCHREIBUNG:

Cancel löscht Druckaufträge, die mit lp erzeugt wurden. Argumente der Kommandozeile sind entweder Auftragsnummern wie sie von lp zurückgemeldet werden oder Druckernamen. (Eine vollständige Liste von Druckernamen erhalten sie mit lpstat.)

Geben Sie die Auftragsnummer an, wird dieser Auftrag gelöscht, auch wenn er gerade gedruckt wird.

Wird ein Drucker spezifiziert, wird der Auftrag gelöscht, der gerade auf diesem Drukker in Bearbeitung ist.

In jedem Fall wird ein Drucker frei zur Bearbeitung des nächsten Auftrags, wenn ein gerade in Bearbeitung befindlicher Auftrag gelöscht wird.

DATEIEN:

/usr/spool/lp/*

enable, disable — Zeilendrucker-Status auf betriebsbereit bzw. nicht betriebsbereit setzen

SYNTAX:

enable *Drucker* ...
disable [-c] [-r[*Grund*]] *Drucker* ...

BESCHREIBUNG:

Enable aktiviert die angegebenen Drucker, damit durch lp abgesetzte Aufträge gedruckt werden können.

Disable deaktiviert die angegebenen Drucker. Durch lp vergebene Druckaufträge werden von den Druckern nicht mehr verarbeitet. Aufträge, die gerade bearbeitet werden, werden nochmals vollständig auf dem gleichen Drucker oder einem anderen Drucker der gleichen Klasse gedruckt.

Folgende Optionen können Sie beim Aufruf von disable angeben:

-c Löscht alle Aufträge, die für einen der angegebenen Drucker bestimmt sind.

-r[*Grund*] Hinweis auf den Grund der Deaktivierung. Eine '-r'-Option ist gültig bis zur nächsten '-r'-Option in der Kommandozeile. Geben Sie '-r' nicht oder ohne *Grund* an, wird ein Standardtext verwendet. *Grund* wird beim Aufruf von lpstat mit ausgegeben.

DATEIEN:

/usr/spool/lp/*

4.4 Arithmetik

expr – Berechnung von Argumenten

SYNTAX:

expr *Argument* ...

BESCHREIBUNG:

Expr errechnet das Ergebnis der angegebenen Argumente. Das Resultat wird auf der Standardausgabe ausgegeben. Jedes angegebene Zeichen wird als separates Argument angenommen.

Die Operatoren und Schlüsselwörter sind nachstehend aufgeführt. Die Liste ist in aufsteigender Prioritätenfolge geordnet, Operatoren mit gleicher Priorität sind zusammengefaßt.

Ausdruck | Ausdruck
: Gibt den ersten *Ausdruck* zurück, wenn er weder ein Leerstring noch 0 ist, anderenfalls wird der zweite *Ausdruck* zurückgegeben.

Ausdruck & Ausdruck
: Gibt den ersten Ausdruck zurück, wenn kein Ausdruck einen Leerstring oder 0 ergibt, anderenfalls wird 0 zurückgegeben.

Ausdruck Zeichen Ausdruck
: Geben Sie eines der Zeichen <, <=, =, !=, >=, > an und beide Argumente werden als Zahlen angegeben, ist der Vergleich numerisch, sonst lexikalisch.

Ausdruck + Ausdruck
: Addition der Argumente.

Ausdruck - Ausdruck
: Subtraktion der Argumente.

*Ausdruck * Ausdruck*
: Multiplikation der Argumente.

Ausdruck / Ausdruck
: Division der Argumente.

Ausdruck % Ausdruck
: Divisionsrestberechnung (Modulo-Funktion) der Argumente.

Ausdruck : Ausdruck
: Der Operator ':' vergleicht das erste Argument mit dem zweiten Argument. Dieses muß ein regulärer Ausdruck sein. Die Syntax regulärer Ausdrücke entspricht der Syntax von ed, außer daß alle Muster (Pattern) mit dem Zeichen '^' beginnen. Daher gilt '^' in diesem Zusammenhang nicht als ein spezielles Zeichen. Standardmäßig gibt diese Option die Anzahl der betroffenen Zeichen zurück. Alternativ können Sie jedoch auch das Pattern-Symbol (...) angeben; dann ist der Rückgabewert ein Teil des ersten Arguments.

(*Ausdrücke*) Die Klammern dienen zum Ändern der Ausführungsreihenfolge bei der Bildung von Ausdrücken: Ausdrücke innerhalb der Klammern werden zuerst ausgewertet.

Wenn Sie Operatoren benutzen, die für die Shell Sonderzeichen darstellen, muß diesen ein Backslash (\) vorangestellt werden.

Beispiel:

```
a = `expr $a + 1`
```

addiert 1 zu der Shell-Variablen a.

RÜCKGABE-CODES:

0 = Wenn der Ausdruck weder ein Leerstring noch 0 ist.
1 = Wenn der Ausdruck ein Leerstring oder 0 ist.
2 = Wenn der Ausdruck ungültig ist.

5 Büroautomation

Die Shell bietet Ihnen eine Reihe von Dienstprogrammen, die die Idee der Büroautomation im Ansatz bereits verwirklichen.

Im einzelnen stellen wir Ihnen hier die folgenden Möglichkeiten vor:

- Terminüberwachung mit date und calendar.
- Kommunikation mit anderen Benutzern durch mail.
- Dialog zwischen zwei Benutzern durch write.
- Rundschreiben an andere Benutzer mit news.

5.1 Zeit- und Terminüberwachung

5.1.1 Digitaluhr

date – Anzeigen und Einstellen des Datums und der Uhrzeit

SYNTAX:

date [*mmddhhmm*[*yy*]] [+*Format*]

BESCHREIBUNG:

Geben Sie kein Argument an, werden aktuelles Datum und Uhrzeit angezeigt.

Werden Argumente angegeben, wird das Datum und die Uhrzeit eingestellt. Das erste *mm* ist die Zahl des Monats, *dd* ist die Spezifikation des entsprechenden Tages. Mit *hh* werden die Stunden angegeben (24-Stunden-System), das zweite *mm* bezeichnet die Minuten. Argument *yy* ist optional und bezeichnet die letzten beiden Ziffern der Jahreszahl. Folgender Befehl:

date 10080045

stellt Datum und Uhrzeit auf den 8. Oktober 00.45h ein. Die Angabe von Jahr, Monat und Tag kann entfallen. Es werden dann die aktuellen Werte als Default-Werte angenommen.

Mit der Angabe von +*Format* kann der Benutzer die Form der Ausgabe vorgeben. Jedes Feld besteht aus dem %-Zeichen, gefolgt von einem Kennbuchstaben für die Feldbeschreibung.

Feldbeschreibung:

n Einfügen eines New-line-Zeichens

t Einfügen eines Tabulator-Zeichens

m Monat(01-12)

d Tag (01-31)

y Die letzten zwei Ziffern der Jahreszahl (00-99)

D Datum in mm/dd/yy

H Stunden (0-23)

M Minuten (00-59)

S Sekunden (00-59)

T Zeit in der Form HH:MM:SS

j Tag des Jahres

w Wochentag (0=Sonntag)

a Abkürzung für Tagesnamen (Sun-Sat)

h Abkürzung für Monate (Jan-Dec)

r Zeit in AM/PM-Notation

Beispiel:

```
date '+Datum: %m/%d/%y%nZeit: %H:%M:%S'
```

generiert folgende Form der Ausgabe:

```
Datum: 08/01/84
Zeit: 14:45:05
```

Nur der Superuser darf das aktuelle Datum ändern.

5.1.2 Terminkalender

calendar – Erinnerungs-Service

SYNTAX:

```
calendar [-]
```

BESCHREIBUNG:

Calendar bearbeitet die Datei calendar in Ihrem aktuellen Verzeichnis und zeigt die Zeilen an, die das heutige oder morgige Datum enthalten. Jedes Datum in amerikanischer Darstellung wird akzeptiert, z. B. 'Dec. 7,', 'december 7,', '12/7' etc.; jedoch nicht '7 December' oder '7/12'.

Wird das Argument '-' angegeben, bearbeitet der Befehl calendar für jeden Benutzer, der in seinem Login-Verzeichnis die Datei calendar angelegt hat, diese Datei und sendet ihm – bei positivem Ergebnis – die entsprechenden Informationen durch die mail-Funktion. Normalerweise geschieht dies täglich beim Systemstart.

DATEIEN:

/usr/lib/calprog
/etc/passwd
/tmp/cal*

5.2 Electronic Mail

Das UNIX-System ermöglicht die Kommunikation der Benutzer untereinander auf verschiedene Arten:

- Senden von Nachrichten in einen Briefkasten (mail)
- Dialog zwischen zwei Benutzern (write)
- Rundschreiben (news)

5.2.1 Persönliche Post

mail – Senden und Empfangen elektronischer Nachrichten

SYNTAX:

mail [-t] *Benutzername* ...

mail [-e] [-r] [-q] [-p] [-f *Datei*]

rmail [-t] *Benutzername*

BESCHREIBUNG:

Mit diesem Befehl können Sie sich mit den anderen Benutzern des Systems verständigen, indem Sie Mitteilungen schreiben und empfangen.

Nachrichten empfangen:

Unmittelbar nach Ihrer Anmeldung im System werden Sie über vorhandene Nachrichten informiert. Diese können Sie durch Eingabe des Befehls mail ohne Argument – Zug um Zug – am Bildschirm abfragen. Die Nachrichten werden in der Reihenfolge „last in first out", d. h. die zuletzt eingegangenen Meldungen zuerst, ausgegeben. Nach jeder Mitteilung erscheint ein Fragezeichen, und Sie können angeben, was mit der betreffenden Nachricht geschehen soll:

<CR>	Die nächste Nachricht wird angezeigt.
+	Wie <CR>.
d	Die Nachricht wird gelöscht und die nächste Mitteilung angezeigt.
p	Die Nachricht wird noch einmal angezeigt.
-	Die vorherige Nachricht wird noch einmal angezeigt.

s [*Datei* ...] Die Nachricht wird in den angegebenen Dateien des aktuellen Verzeichnisses gespeichert. Geben Sie keine Datei an, so wird der Text in der Briefkastendatei mbox abgestellt. Anschließend verzweigt das Programm in die Shell-Kommando-Ebene zurück.

w [*Datei* ...] Die Nachrichten werden ohne Angabe des Absenders und weiterer Zusätze in den angegebenen Dateien gespeichert. Geben Sie keine Datei an, werden die Texte in der Datei mbox abgestellt. Anschließend verzweigt das Programm in die Shell-Kommando-Ebene zurück.

m [*Benutzername*] Die Nachricht wird an die angegebene(n) Person(en) weitergeleitet. Falls kein Name angegeben ist, wird die Nachricht an Sie selbst übermittelt.

q Die Nachricht bleibt im elektronischen Briefkasten, und das Programm wird beendet.

END-Taste Wie q.

x Die Nachrichten werden unverändert in den elektronischen Briefkasten zurückgeschrieben, und das Programm wird beendet.

! *Shell-Befehl* Das Programm verzweigt zur Ausführung eines Befehls vorübergehend in die Shell-Ebene zurück.

* Die oben beschriebenen Anweisungen werden am Bildschirm angezeigt und erläutert.

Die Angabe von Optionen beim Aufruf des Programms mail verändert die Anzeige der Nachrichten folgendermaßen:

-r Die Anzeige der Nachrichten erfolgt in umgekehrter Reihenfolge. Die zuerst eingegangene Post wird auch zuerst ausgegeben.

-q Nach einem Unterbrechungssignal wird das Programm beendet. Standardmäßig wird bei Empfang eines Interrupt nur das Anzeigen der Nachricht abgebrochen.

-p Der gesamte Inhalt des elektronischen Briefkastens wird ohne Fragezeichen am Bildschirm ausgegeben, d. h. das Programm erwartet keine weiteren die Nachrichten betreffenden Anweisungen.

-f *Datei* Die angegebene Datei wird so angezeigt, als handele es sich um die Briefkastendatei.

-e Die Post wird nicht angezeigt; es werden lediglich Rückgabe-Codes geliefert. Der Rückgabe-Code ist 0, wenn Sie Post in Ihrem Briefkasten haben; ansonsten 1.

Nachrichten senden:

Wenn Sie eine Mitteilung an andere Benutzer des Systems senden wollen, müssen Sie folgende Syntax verwenden:

mail *Benutzername* ...

Die Mitteilung kann beliebig lang sein; sie wird durch ein Dateiende-Zeichen (EOF)

oder eine Zeile, die lediglich einen Punkt enthält, beendet und in der entsprechenden Briefkastendatei gespeichert.
Jeder Meldung wird automatisch ein Kopftext vorangestellt, der den Namen des Absenders sowie weitere Vermerke wie Datum und Uhrzeit enthält. Geben Sie die Option '-t' an, enthält der vorangestellte Kopftext die Namen der Benutzer, an die diese Nachricht gesendet wurde.

Nachrichten können auch an Benutzer von Remote-Systemen gesendet werden. In diesem Fall wird der betreffende Systemname, gefolgt von einem Ausrufungszeichen (!), dem Benutzernamen vorangestellt. Die Syntax lautet:

mail *System !Benutzername*

Falls Sie keinen direkten Zugriff auf das Empfängersystem haben, können Sie die Nachricht über ein Ihnen zugängliches System umleiten, das seinerseits auf das Empfängersystem zugreifen kann.

Beispiel:

mail a!b!cde

Diese Adressierung bedeutet, daß die Nachricht über das System 'a' an den Empfänger 'cde' auf dem System 'b' gesendet wird.

Rmail dient nur zum Senden von Nachrichten. Uucp benutzt rmail als Vorsichtsmaßnahme.

DATEIEN:

/etc/passwd	Zur Identifizierung von Absender und Empfängern.
/usr/mail/*Benutzer*	Enthält die Eingangspost des *Benutzers* (elektronischer Briefkasten).
$HOME/mbox	Enthält die gespeicherten Nachrichten.
$MAIL	Variable, die den Pfadnamen des elektronischen Briefkastens enthält.

5.2.2 Kommunikation

write – Senden von Nachrichten an einen anderen Benutzer

SYNTAX:

write *Benutzername* [*ttynr*]

BESCHREIBUNG:

Write kopiert zeilenweise die Eingaben von Ihrem Terminal auf das des angesprochenen Benutzers. Nach dem Aufruf erscheint auf dem entsprechenden Bildschirm die Benachrichtigung, daß und von wem eine Sendeleitung aufgebaut wurde. Gleichzeitig ertönt an Ihrem Terminal ein akustisches Signal, um anzuzeigen, daß Sie zum Senden bereit sind.

Der Empfänger seinerseits kann nun ebenfalls Nachrichten an Sie senden. Die Verbindung zwischen den beiden Terminals bleibt solange bestehen, bis ein Abbruchsignal gegeben oder die END-Taste gedrückt wird. Die Beendigung der Verbindung wird durch EOT (Ende der Übertragung) auf dem Terminal des anderen Benutzers angezeigt.

Wollen Sie sich mit einem Benutzer in Verbindung setzen, der an mehreren Terminals gleichzeitig angemeldet ist, können Sie durch Angabe der Terminalnummer (z. B. tty10) den Aufbau der Verbindung gezielt steuern. Geben Sie keine Terminalnummer an, wird anhand der Datei /etc/utmp überprüft, an welchem Terminal sich der Adressat zuerst angemeldet hat. Mit diesem Terminal wird die Leitung hergestellt. Anschließend erscheint an Ihrem Bildschirm eine Benachrichtigung, mit welchem Arbeitsplatz Sie in Verbindung stehen, unter Angabe der Terminalnummern, an denen sich der von Ihnen angeschriebene Benutzer noch angemeldet hat.

Die Erlaubnis, angeschrieben zu werden, kann mit dem Befehl 'mesg y' erteilt oder durch Eingabe von 'mesg n' entzogen werden. Standardwert ist die Empfangsbereitschaft des Terminals. Beim Aufruf bestimmter Kommandos, insbesondere nroff und pr, wird die Empfangsbereitschaft automatisch unterdrückt, um die Ausgabe dieser Befehle nicht zu stören. Nur der Superuser kann Nachrichten an ein sonst schreibgeschütztes Terminal senden.

Geben Sie am Anfang einer Zeile ein Ausrufungszeichen (!) ein, wird der Rest der Zeile von der Shell als Kommando-Zeile interpretiert und ausgeführt.

Die folgende Vorgehensweise wird beim Gebrauch von write empfohlen:

Wenn Sie einen anderen Benutzer anschreiben, sollten Sie warten bis er sich ebenfalls meldet, bevor Sie anfangen zu senden. Die Beteiligten sollten jede Nachricht mit einem bestimmten Signal (z. B. o für over) beenden, so daß der Empfänger weiß, daß er nun seinerseits senden kann. Soll der Austausch von Nachrichten beendet werden, sollten Sie dies durch ein anderes Kürzel (z. B. oo für over und out) bekanntmachen.

DATEIEN:

/etc/utmp	Zur Auffindung der Benutzer
/bin/sh	Zur Ausführung von '!'

5.2.3 Rundschreiben

news – Anzeige des Inhalts der Dateien von /usr/news

SYNTAX:

news [-ans] [*Datei* ...]

BESCHREIBUNG:

News dient dazu, den Benutzer über aktuelle Ereignisse zu informieren. Diese Ereignisse sind in Dateien des Verzeichnisses /usr/news beschrieben.

Aufgerufen ohne Argumente zeigt news den Inhalt aller im Verzeichnis /usr/news enthaltenen Dateien an. Dies geschieht in zeitlicher Reihenfolge. Die jüngste Datei wird zuerst ausgegeben. Jede Dateiausgabe wird angeführt von einer zugehörigen Kopfzeile.

News speichert das aktuelle Datum als das Änderungsdatum der Datei .news_time im Home-Verzeichnis jedes Benutzers; nur Dateien die jünger sind als dieses Datum werden als aktuell eingestuft. So wird gewährleistet, daß jeder Benutzer die Nachrichten nur einmal bekommt.

Optionen:

-a Anzeige aller Dateien ohne Prüfung der Aktualität. In diesem Fall wird die gespeicherte Zeit nicht geändert.

-n Anzeige der Namen der aktuellen Dateien. Die gespeicherte Zeit wird nicht geändert.

-s Anzeige der Anzahl der aktuellen Dateien. Namen und Inhalt werden nicht ausgegeben; die gespeicherte Zeit wird nicht geändert. Es ist sinnvoll, diesen Aufruf in die .profile-Datei des Benutzers oder in die /etc/profile-Datei des Systems einzubinden.

Alle anderen Argumente werden dahingehend interpretiert, daß sie news-Dateien sind, die angezeigt werden sollen.

Geben Sie während der Anzeige einer Datei ein Abbruchsignal ein, wird diese Ausgabe abgebrochen und die Anzeige der nächsten aktuellen Datei gestartet. Folgt dem ersten Abbruchsignal innerhalb einer Sekunde ein weiteres, wird das Programm abgebrochen.

DATEIEN:

/etc/profile
/usr/news/*
$HOME/.news_time

6 Programmierwerkzeuge

Da UNIX ursprünglich speziell für die Programmentwicklung entworfen wurde, bietet es eine Reihe von Werkzeugen für die Implementierung von Programmen an.

Dieses Kapitel beschreibt:

- Handhabung der Editoren
- Aufruf der Compiler
- Testhilfen

6.1 Editoren

6.1.1 Zeilenorientierter Editor ed

Mit dem UNIX Standard-Editor ed steht Ihnen trotz der am Anfang der Einarbeitung sicherlich etwas komplizierten Handhabung ein mächtiges Werkzeug zur Verfügung. Insbesondere bietet er Ihnen – neben anderen Möglichkeiten – eine Vielzahl von Such- und Ersetzungsfunktionen.

ed – Standard-Editor

SYNTAX:

ed [-] [-x] [*Datei*]

BESCHREIBUNG:

Mit dem Text-Editor ed können Sie Textdateien erstellen, anzeigen und bearbeiten. Dieser Editor ist nicht bildschirmorientiert, d. h. die Bearbeitung (Löschen, Einfügen, Anfügen, Verschieben usw.) erfolgt nicht mit Hilfe des Cursors direkt im Text, sondern durch Angabe des entsprechenden Befehls zeilenweise außerhalb des Textes.

Beim Aufruf des Editors wird ein Arbeitsbereich, der sogenannte Editierpuffer, eingerichtet, in dem die Texterstellung und -bearbeitung stattfindet.
Die Änderung bereits vorhandener Texte erfolgt dabei in einer Kopie, die beim Aufruf des Programms von der gewünschten Textdatei automatisch angefertigt und in den Puffer eingelesen wird.

Da der Editierpuffer nur für die Dauer des Editierprogramms besteht und der Inhalt des Puffers beim Verlassen des Editors gelöscht wird, müssen Sie unbedingt vor Beendigung des Programms den Text mit dem Befehl w (write) sichern, d. h. in der entsprechenden Textdatei speichern.

Der Editor enthält einen Text- und einen Befehlsmodus, in denen die Eingaben entweder ausschließlich als Text oder als Befehle interpretiert werden.
Beim Aufruf des Programms befinden Sie sich im Befehlsmodus, aus dem heraus Sie mit einem Textbearbeitungsbefehl in den Textmodus gelangen.

Die Befehle sind einfach, und ihre Struktur ist immer gleich. Im allgemeinen ist nur ein Befehl pro Zeile erlaubt. Einige Befehle ermöglichen es, mehrere Texte gleichzeitig in den Puffer zu stellen.

Aus dem Textmodus zurück in den Befehlsmodus gelangen Sie durch Eingabe eines Punktes (.) als erstes Zeichen einer Zeile. Als Bestätigung des erfolgten Wechsels wird die letzte Textzeile am Bildschirm angezeigt.

Folgende Optionen können beim Aufruf des Editors verwendet werden:

- Die Anzeige der Anzahl Zeichen in der Textdatei, die sonst erfolgt, unterbleibt.

-x Der Befehl X wird simuliert, damit eine verschlüsselte Datei angesprochen werden kann.

Adressierung

Der Text im Editierungspuffer ist in fortlaufend numerierte Zeilen aufgeteilt, die durch <CR> (neue Zeile) voneinander abgegrenzt sind. Das Programm ändert automatisch die Numerierung, wenn Textzeilen eingefügt oder gelöscht werden. Der Editor führt stets eine sogenannte „aktuelle Zeile", d. i. die zuletzt von einem Befehl betroffene Zeile.

Die zur Verfügung stehenden Befehle enthalten einen Adreßbereich, gefolgt von dem aus einem Zeichen bestehenden Befehl, an den sich noch Parameter anschließen können.

Der Adreßbereich eines Befehls besteht aus einer oder zwei vorangestellten Zeilennummern, Adressen genannt. Sie geben an, auf welche Zeilen des im Puffer gespeicherten Textes der Befehl sich bezieht.
Ist nur eine Zeilennummer angegeben, so gilt der Befehl nur für die betreffende Textzeile. Zwei Zeilennummern beziehen sich auf einen Zeilenbereich des Textes, der die beiden adressierten Zeilen einschließt.
Werden mehr Adressen angegeben als der Befehl akzeptiert, berücksichtigt das Programm höchstens die beiden letzten. Geben Sie keine Adresse an, gilt der Befehl immer für die aktuelle Zeile.

Einige Befehle enthalten keinen Adreßbereich und reagieren auf die Eingabe von Zeilennummern mit einer Fehlermeldung.

Adressen werden durch Kommata voneinander getrennt. Wird als Trennzeichen ein Semikolon verwendet, interpretiert das Programm den Befehl sequentiell zuerst für die erste und anschließend für die zweite Adresse.

Zu beachten ist, daß bei der Angabe von zwei Adressen die niedrigere Zeilennummer immer zuerst genannt werden muß.

Im folgenden sind die wesentlichen Adressierungsregeln zusammengefaßt:

1. Der Punkt (.) adressiert die aktuelle Zeile.
2. Das '$'-Zeichen adressiert die letzte Zeile im Puffer.
3. Eine Dezimalzahl adressiert die *n*-te Zeile im Puffer.
4. *x* adressiert die Zeilen, die zuvor mit *x* gekennzeichnet wurden. Das für *x* stehende Zeichen muß ein Kleinbuchstabe sein.
5. Ein regulärer Ausdruck, der von Schrägstrichen eingeschlossen ist, adressiert eine Zeile mit einer höheren Zeilennummer als die aktuelle Zeile und einer durch den regulären Ausdruck beschriebenen Zeichenkette. Dies ist die nächsthöhere passende Zeile gegenüber der aktuellen Zeile.
6. Ein in Fragezeichen eingeschlossener regulärer Ausdruck adressiert eine Zeile mit einer niedrigeren Zeilennummer als die aktuelle Zeile und einer durch den regulären Ausdruck beschriebenen Zeichenkette.
7. Eine Adresse, gefolgt von einem Plus- oder Minuszeichen, an das sich eine Dezimalzahl anschließt, entspricht der in der Adresse genannten Zeile plus oder minus der mit der Dezimalzahl angegebenen Anzahl Zeilen. Das Pluszeichen kann weggelassen werden.
8. Beginnt eine Adresse mit einem Plus- oder Minuszeichen, erfolgt die Addition bzw. Subtraktion von der aktuellen Zeile aus.
9. Endet eine Adresse mit einem Plus- oder Minuszeichen, wird von der aktuellen Zeile aus 1 addiert bzw. subtrahiert. Mehrere Plus- oder Minuszeichen bewirken eine ihrer Anzahl entsprechende Addition bzw. Subtraktion.
10. In Adressen haben die Zeichen '^' und '-' dieselbe Bedeutung.

Regeln für die Befehlsnotation

Beim Standard-Editor werden in begrenztem Umfang in Adressen reguläre Ausdrükke zur Spezifikation von Textzeilen verwendet. Im folgenden sind die Regeln hierfür beschrieben:

1. Jedes Zeichen, ausgenommen die Sonderzeichen, steht für sich selbst. Sonderzeichen sind das Abgrenzungszeichen des regulären Ausdrucks, '\', '[', '.' und manchmal '^', '*' und '$'.
2. Ein Punkt steht für irgendein beliebiges Zeichen.
3. Ein '\', gefolgt von irgendeinem beliebigen Zeichen (auch Sonderzeichen), ausgenommen Ziffern oder runden Klammern, steht für das betreffende Zeichen.
4. Eine in eckige Klammern gesetzte nicht-leere Zeichenkette steht für irgendein beliebiges Zeichen in dieser Zeichenkette. Ein '^' als erstes Zeichen bedeutet, daß alle Zeichen, außer den in der Zeichenkette angegebenen, gemeint sind.
   Die rechte eckige Klammer beendet die Zeichenkette nicht, wenn sie als erstes Zeichen angegeben wird. Z. B. betrifft das Suchmuster []a-f] die rechte eckige Klammer sowie die Buchstaben a-f. Ein '\' hat keine besondere Bedeutung.
5. Ein regulärer Ausdruck der Form 1.-4., gefolgt von einem '*', steht für eine beliebige Wiederholung des regulären Ausdrucks.

6. Teile des Suchmusters können durch '\(...\)' geklammert werden.

7. Ein '\', gefolgt von einer Ziffer *n*, ist eine Abkürzung für eine Wiederholung eines in '\(...\)' eingeklammerten regulären Ausdrucks. Die Ziffer *n* gibt an, welche Klammer im aktuellen Ausdruck, von links gezählt, gemeint ist.

8. Ein regulärer Ausdruck *x* der Form 1.-8., gefolgt von einem regulären Ausdruck *y* der Form 1.-7. erkennt die längste mögliche Form von *x*, solange *y* auch noch getroffen wird.

9. Ein regulärer Ausdruck der Form 1.-8., dem entweder ein '^' vorausgeht oder ein '$' folgt, steht für den Anfang oder das Ende einer Zeile.

10. Ein regulärer Ausdruck der Form 1.-9. erkennt die längste, am weitesten links stehende Zeichenkette einer Zeile.

11. Falls der reguläre Ausdruck fehlt, wird der letzte vorangehende reguläre Ausdruck genommen.

In dem Begriff „Zeichen" sind in der o. a. Beschreibung alle möglichen Zeichen, mit Ausnahme von Zeilenende, enthalten.

Die Befehle des Standard-Editors

a — Mit diesem Befehl können Sie Text hinter eine adressierte Zeile anfügen (append). Die aktuelle Zeile ist im Anschluß daran entweder die letzte Eingabezeile oder – falls keine Eingabe erfolgt ist – die zuvor adressierte Zeile.

c — Mit dem Befehl c (change) können Sie mehrere Textzeilen gegen andere austauschen. Dabei werden die in der Adresse angegebenen „alten" Zeilen gelöscht. Die aktuelle Zeile ist dann die letzte Eingabezeile oder – falls keine Eingabe erfolgt ist – die letzte Zeile vor dem gelöschten Textbereich.

d — Mit dem Befehl d (delete) können Sie Textzeilen im Editierpuffer löschen. Die Zeile, die unmittelbar dem gelöschten Textbereich folgt, wird die aktuelle Zeile. Standen die gelöschten Zeilen am Ende des Textes, wird die neue letzte Zeile die aktuelle Zeile.

e *Datei* — Durch diesen Befehl können Sie den Pufferinhalt löschen und durch den Inhalt der angegebenen Datei ersetzen. Die aktuelle Zeile ist die letzte Pufferzeile; die Anzahl der eingelesenen Zeichen wird angezeigt.
Der angegebene Dateiname wird für einen möglichen r- (read) oder w- (write) Befehl als Standard-Dateiname gespeichert. Geben Sie keinen Dateinamen an, bleibt der Name der ursprünglich im Puffer gespeicherten Textdatei bestehen.
Geben Sie statt eines Dateinamens ein Ausrufungszeichen an, wird der Rest der Eingabezeile als Shell-Kommando interpretiert und ausgeführt. Die Ausgabe dieses Kommandos wird in den Puffer geschrieben. Ein solches Shell-Kommando bleibt nicht als Dateiname erhalten.

E *Datei* — Wie e, mit der Ausnahme, daß keine Fehlermeldung erfolgt, wenn nach der letzten Änderung der Text nicht mit w gesichert wird.

f *Datei* — Mit dem Befehl f (file) wird der zuletzt gespeicherte Dateiname angezeigt. Geben Sie bei diesem Befehl einen Dateinamen ein, wird dieser anstelle des alten Namens gespeichert.

g/*Regulärer Ausdruck/Befehlsliste*
Bei dem globalen Befehl g werden zunächst die zu dem angegebenen regulären Ausdruck passenden Zeilen gekennzeichnet und anschließend Zeile für Zeile die Befehle der Befehlsliste ausgeführt.
Ein einzelner Befehl oder der erste von mehreren Befehlen der Befehlsliste muß auf derselben Zeile wie der globale Befehl g erscheinen.
Im Falle einer Mehrzeilen-Liste müssen sämtliche Zeilen – mit Ausnahme der letzten – mit einem Backslash (\) beendet werden.
Die Befehle a, i und e sowie zugeordnete Eingaben sind erlaubt. Der Punkt, mit dem der Eingabemodus beendet wird, kann auf der letzten Zeile der Befehlsliste entfallen.
Die Befehle g und v dürfen in der Befehlsliste nicht verwendet werden.

G/*regulärer Ausdruck*
Dieses Kommando handelt interaktiv. Im ersten Schritt werden alle Zeilen markiert, auf die der angegebene reguläre Ausdruck zutrifft. Dann wird die erste dieser markierten Zeilen am Bildschirm angezeigt, gleichzeitig wird sie zur aktuellen Zeile. Sie haben jetzt die Möglichkeit, irgendein Kommando (außer a, c, i, g, G, v oder V) anzugeben, welches ausgeführt wird. Anschließend wird die nächste markierte Zeile angezeigt usw. Durch Eingabe eines & wird das letzte ausgeführte Kommando rückgängig gemacht.
Beachten Sie, daß Sie in diesem Kommando-Modus jeden Teil der Datei adressieren und bearbeiten können.
Das Kommando G wird durch Eingabe eines Abbruchsignals verlassen.

h
Das Kommando h (help) gibt Ihnen Erklärungen zu den häufigsten Fehlermeldungen.

H
Mit diesem Kommando stellt ed Ihnen einen Modus zur Verfügung, der Ihnen bei allen folgenden Fehlermeldungen Erklärungen liefert. Sind vor Aufruf dieses Kommandos bereits Fehlermeldungen erfolgt, werden diese ebenfalls nachträglich erklärt.

i
Mit dem Befehl i (insert) können Sie Text vor der angegebenen Zeile einfügen. Die letzte Eingabezeile oder, wenn keine Eingabe erfolgt ist, die Zeile vor der adressierten Zeile wird die aktuelle Zeile.
Dieser Befehl unterscheidet sich von dem Befehl a nur dadurch, daß der Text an anderer Stelle eingefügt wird.

j
Mit diesem Befehl (join) werden die angegebenen Zeilen zu einer einzigen Zeile zusammengefaßt; dazwischen liegende Zeilenende-Zeichen werden gelöscht.

k*x*
Der Markierungsbefehl kennzeichnet die adressierten Zeilen mit dem gewünschten Buchstaben; *x* muß als Kleinbuchstabe angegeben werden.

l
Mit dem Befehl l (list) werden die angegebenen Textzeilen, einschließlich nichtdarstellbarer Zeichen, am Bildschirm angezeigt. Die nichtdarstellbaren Zeichen werden dabei als zweistellige Oktalzahl ausgegeben und zu lange Zeilen werden in der nächsten Zeile fortgesetzt. Das Kommando l kann mit jedem anderen Kommando kombiniert werden, außer mit e, f, r oder w.

m*a* Mit dem Befehl m (move) können Sie angegebene Textzeilen hinter die mit *a* adressierte Zeile verschieben. Diese darf nicht im Bereich der zu verschiebenden Zeilen liegen. Die letzte umgestellte Zeile wird die aktuelle Zeile.

n Dieses Kommando zeigt Ihnen die adressierten Zeilen am Bildschirm an. Jeder Zeile wird ihre Zeilennummer und ein Tabulatorzeichen vorangestellt. Die letzte angezeigte Zeile wird die aktuelle Zeile. Der n-Befehl darf in derselben Zeile zusammen mit anderen Kommandos, außer e, f, r und w, stehen.

p Mit dem Befehl p können Sie Textzeilen am Bildschirm ausgeben. Die letzte angezeigte Zeile wird die aktuelle Zeile. Der Befehl p darf in derselben Zeile zusammen mit anderen Befehlen, außer e, f, r und w, stehen.

P Wie p.

q Mit dem Befehl q (quit) beenden Sie das Editor-Programm. Es erfolgt kein automatisches Schreiben (w) der Datei aus dem Puffer.

Q Wie q, mit der Ausnahme, daß keine Fehlermeldung erfolgt, wenn nach der letzten Änderung des im Puffer stehenden Textes das Programm ohne den Befehl w beendet wird.

r *Datei* Mit dem Befehl r (read) können Sie den Text der angegebenen Datei hinter die adressierte Zeile einlesen. Geben Sie keinen Dateinamen an, greift das Programm auf die unter dem gespeicherten Namen angelegte Datei zu (s. Befehle e und f). Der bestehende Dateiname wird nicht geändert, es sei denn, *Datei* ist die erste angesprochene Datei seit dem Editoraufruf.
Ist die Einspielung der gewünschten Textdatei abgeschlossen, wird die Anzahl der eingelesenen Zeichen am Bildschirm angezeigt. Die letzte eingelesene Zeile wird die aktuelle Zeile. Geben Sie statt einer Datei ein Ausrufungszeichen an, wird der Rest der Zeile als Shell-Kommando interpretiert und ausgeführt. Die Ausgabe dieses Kommandos erfolgt in den Puffer.

s/*regulärer Ausdruck*/*Zeichenkette*

oder

s/*regulärer Ausdruck*/*Zeichenkette*/g

Der Ersetzungsbefehl durchsucht die in den Adressen angegebenen Zeilen auf Vorhandensein des *regulären Ausdrucks*. Überall dort, wo dies der Fall ist, wird er durch *Zeichenkette* substituiert, wenn der globale Indikator g hinter dem Befehl steht.
Falls in keiner der adressierten Zeilen eine Substitution erfolgt, reagiert ed mit einer Fehlermeldung.
Als Grenzzeichen für reguläre Ausdrücke und die Zeichenketten darf jedes beliebige Zeichen – ausgenommen Leerstelle und Zeilenende-Zeichen – anstelle des Schrägstrichs (/) verwendet werden. Die letzte substituierte Zeile wird die aktuelle Zeile.
Ein & in *Zeichenkette* wird durch die Zeichenkette ersetzt, auf die der reguläre Ausdruck wirkt. Die besondere Bedeutung, die das Zeichen & in diesem Zusammenhang besitzt, kann durch einen vorangestellten Backslash (\) aufgehoben werden.
Die Zeichen *n* (*n* ist eine Ziffer) werden durch den Text ersetzt, auf den der *n*-te in '\(...\)' gesetzte reguläre Ausdruck wirkt.

Wenn in Klammern gesetzte geschachtelte Teilausdrücke vorhanden sind, wird *n* durch Zählen der vorkommenden Klammerungen von links nach rechts bestimmt.
Zeilen können durch Zeilenende-Zeichen unterteilt werden. Dem Zeilenende-Zeichen in der Ersatzzeichenkette muß ein Backslash vorausgehen.

t*a* Dieser Befehl wirkt wie der Befehl m, mit der Ausnahme, daß die adressierten Zeilen hinter die mit *a* angegebene Zeile kopiert wird (*a* kann 0 sein). Die letzte kopierte Zeile wird die aktuelle Zeile.

u Mit dem Befehl u (undo) können Sie den letzten Befehl in der aktuellen Zeile rückgängig machen.

v/*regulärer Ausdruck*/*Befehlsliste*
Dieser Befehl wirkt wie der globale Befehl g, mit der Ausnahme, daß die Befehlsliste global für alle Zeilen, außer für diejenigen, auf die der angegebene reguläre Ausdruck zutrifft, ausgeführt wird.

V/*regulärer Ausdruck*/
Dieser Befehl wirkt wie der interaktive globale Befehl G, mit der Ausnahme, daß alle die Zeilen markiert werden, auf die der angegebene reguläre Ausdruck nicht zutrifft.

w *Datei* Mit dem Befehl w (write) können Sie die adressierten Zeilen sichern, d. h. in die angegebene Datei schreiben. Ist die genannte Datei nicht vorhanden, wird sie unter dem Modus 666, d. h. mit Schreib- und Leserecht für jeden Benutzer, angelegt. Dieser Dateiname wird gespeichert, falls noch kein Name vorhanden war.
Geben Sie keinen Dateinamen an, greift das Programm auf die unter dem etwaigen gespeicherten Dateinamen vorhandene Datei zu (s. Befehle e und f).
Ist der Befehl ausgeführt, wird die Anzahl der geschriebenen Zeichen am Bildschirm angezeigt.

X Die Standardeingabe verlangt eine Schlüsselzeichenkette. Daraufhin verschlüsseln die Befehle r, e und w den Text durch den crypt-Algorithmus mit diesem Code. Geben Sie einen leeren Schlüssel an, wird die Verschlüsselung beendet.

($)= Die Zeilennummer der adressierten Zeile wird angezeigt. Die aktuelle Zeile bleibt dieselbe.

6.1.2 Programmierbarer Stream-Editor sed

Neben dem zeilenorientierten Editor ed steht Ihnen der stapelorientierte nicht interaktive Editor sed zur Verfügung, der seine Befehle im Normalfall aus Kommandodateien erhält.

sed – Stream Editor

SYNTAX:

sed [-n] [-e *script*] [-f *scriptdatei*] [*Datei* ...]

BESCHREIBUNG:

Die in dem Befehl sed angegebenen Dateien (falls keine angegeben: Standardeingabe) werden entsprechend der in *script* genannten Befehlsfolge bearbeitet und in die Standardausgabe kopiert.

Optionen:

-f Diese Option bewirkt, daß die Befehlsfolge der Datei *scriptdatei* entnommen wird.

-e Die Befehlsfolgen werden unmittelbar als *script* angegeben. Gibt es nur eine '-e'-Option und keine '-f'-Option, darf '-e' auch entfallen.

-n Die Standardausgabe wird unterdrückt.

Ein „script" besteht aus einer Folge von Ausgabebefehlen – pro Zeile ein Befehl – folgender Art:

[*Adresse* [, *Adresse*]] *Funktion* [*Argumente*]

Bei einer normalen Operation wird jede Eingabezeile einzeln in einen Puffer geschrieben, alle Befehle, die diese Zeile betreffen, sequentiell ausgeführt und der Inhalt des Puffers in die Standardausgabe übertragen.

Eine Adresse ist entweder eine Dezimalzahl, die die Zeilennummer angibt, das Zeichen '$', welches die letzte Eingabezeile adressiert oder eine Kontextadresse der Form '*/regulärer Ausdruck/*':

1. Die Zeichenfolge '\n' entspricht einem Zeilenende-Zeichen.
2. Eine Befehlszeile, die keine Adresse enthält, wirkt auf jede Zeile.
3. Eine Befehlszeile mit einer Adresse wirkt auf die entsprechende Zeile.
4. Eine Befehlszeile mit zwei Adressen wirkt auf den festgelegten Bereich, einschließlich der ersten und zweiten Adresse. (Ist die zweite Adresse kleiner oder gleich der ersten, wird nur eine Zeile bearbeitet.) Danach wird der Vorgang wiederholt, indem die erste Adresse nochmals gesucht wird.

   Befehle sprechen genau die nicht-selektierten Zeilen an, wenn Sie die Funktion '!' (Negation) verwenden (s. unten).

   In der nachfolgenden Aufstellung ist für jede Funktion die maximal erlaubte Anzahl Adressen in Klammern angegeben.

Ein Argument mit der Bezeichnung ***Text*** besteht aus einer oder mehreren Zeilen. Die einzelnen Zeilen, außer der letzten, werden durch einen Backslash (\) abgeschlossen.
Das Zeichen '\' im Text wird behandelt wie ein '\' in einer Zeichenkette eines 's'-Befehls. Es wird eingesetzt, um Leerstellen und Tabulatoren am Anfang einer Zeile zu erhalten. Diese werden in ***scriptdatei*** somit automatisch vom Zeilenanfang entfernt.

Geben Sie bei einem 'r'- oder 'w'-Befehl eine Datei an, so muß diese am Ende einer Befehlszeile stehen, und es muß genau ein Leerzeichen vorausgehen.

Jede Ausgabedatei wird vor Beginn der Ausführung angelegt; höchstens zehn unterschiedliche Ausgabedatei-Argumente sind möglich.

(1) a\

Text Bringt den Text in die Ausgabe, bevor die nächste Eingabezeile gelesen wird (append).

(2) b [***Marke***] Verzweigt zum ':'-Befehl, der die angegebene Marke enthält (branch). Fehlt ***Marke***, ist das Skriptende gemeint.

(2) c\

Text Löscht den Puffer. Bei einer Adresse von 0 oder 1 oder am Ende eines 2-Adressen-Bereichs wird ***Text*** in die Ausgabe gebracht (change). Anschließend beginnt der nächste Durchgang.

(2) d Löscht den Puffer (delete). Anschließend beginnt der nächste Durchgang.

(2) D Löscht den Anfang des Puffers bis zum ersten Zeilenende-Zeichen. Der nächste Durchgang beginnt.

(2) g Ersetzt den Inhalt des Puffers durch den Inhalt des Zusatzpuffers.

(2) G Fügt den Inhalt des Zusatzpuffers an den Pufferinhalt an.

(2) h Schreibt den Inhalt des Puffers in den Zusatzpuffer.

(2) H Fügt den Pufferinhalt an den Zusatzpuffer an.

(1) i\

Text Bringt den Text in die Standardausgabe (insert).

(2) l Bringt den Pufferinhalt in die Standardausgabe. Dabei werden nichtdruckbare Zeichen im 2-Zeichen-ASCII-Modus ausgegeben. Zu lange Zeilen werden in mehreren Zeilen dargestellt.

(2) n Kopiert den Pufferinhalt in die Standardausgabe. Ersetzt den Pufferinhalt durch die nächste Eingabezeile (next).

(2) N Fügt die nächste Eingabezeile inklusive Zeilenende-Zeichen an den aktuellen Pufferinhalt an. (Die aktuelle Zeilennummer wird verändert).

(2) p Kopiert den Pufferinhalt in die Standardausgabe (print).

(2) P Kopiert den Anfang des Puffers bis zum ersten Zeilenende in die Standardausgabe.

(1) q — Verzweigt an das Ende der Befehlsfolge. Es wird kein neuer Durchgang gestartet (quit).

(2) r *Datei* — Liest *Datei* und schreibt sie in die Ausgabe, bevor eine neue Eingabezeile gelesen wird.

(2) s/*regulärer Ausdruck*/*Zeichenkette*/[*Optionen*]
Setzt *Zeichenkette* anstelle des angegebenen regulären Ausdrucks im Puffer ein. Statt '/' kann jedes beliebige Zeichen verwendet werden.

Optionen:

g — Ersetzt den angegebenen regulären Ausdruck im gesamten Text (global).

p — Der Inhalt des Puffers wird nach einer Substitution ausgegeben.

w *Datei* — Fügt nach einer Substitution den Pufferinhalt an den Inhalt von *Datei* an.

(2) t *Marke* — Verzweigt zum Befehl ':', dessen Argument *Marke* ist, wenn nach dem letzten Lesen einer Eingabezeile oder der letzten Ausführung eines 't'-Befehls eine Substitution erfolgt ist (test).

(2) w *Datei* — Anfügen des Pufferinhalts an den Inhalt von *Datei* (write).

(2) x — Tauscht die Inhalte von Puffer und Ersatzpuffer aus (exchange).

(2) y/*Zeichenkette1*/*Zeichenkette2*/
Ersetzt (transform) alle vorkommenden Zeichen von *Zeichenkette1* durch die entsprechenden Zeichen von *Zeichenkette2*. Die angegebenen Zeichenketten müssen gleich lang sein!

(2) ! *Funktion* — Negation. Wendet die angegebene Funktion (oder Gruppe von Funktionen, wenn geschweifte Klammern benutzt werden) nur für Zeilen an, die nicht von Adressen angesprochen werden.

(0) : *Marke* — Dieser Befehl führt nichts aus; *Marke* dient lediglich als Ansprungspunkt für 'b'- und 't'-Befehle.

(1) = — Zeigt die aktuelle Zeilennummer als Zeile in der Standardausgabe an.

(2) { — Führt die nachfolgenden Befehle bis '}' nur dann aus, wenn der Puffer angesprochen ist.

(0) — Ein leerer Befehl wird ignoriert.

6.2 Sprachen

6.2.1 Shell

Die Shell ist der Kommandointerpreter des Betriebssystems. Sie übernimmt die Kommunikation zwischen dem Betriebssystem und dem Anwender und verschafft ihm Zugang zu allen Leistungen des Betriebssystemkerns.

Die Anwendungsmöglichkeiten der Shell wurden in den vorausgehenden Kapiteln ausführlich erläutert. Aus diesem Grund folgt hier lediglich der Aufruf der Shell.

sh – Standard-Kommandosprache

SYNTAX:

sh [-ceiknrstuvx] [*Argument* ...]

BESCHREIBUNG:

Mit dem Befehl sh können Sie innerhalb der Shell-Programmebene eine weitere Shell-Ebene aufrufen, die solange bestehen bleibt, bis ein Befehl zur Beendigung eingegeben und in die erste Ebene zurück verzweigt wird.

Die Shell führt Befehle aus, die entweder über die Standardeingabe eingegeben werden oder in einer Datei gespeichert sind.
Mit dem '$'-Zeichen (Shell-Prompt) zeigt die Shell am Bildschirm an, daß sie auf einen Befehl wartet. Alle Zeichen, die nach dem Shell-Prompt eingegeben werden, bilden eine Befehlszeile, die durch Auslösen von <CR> abzuschließen ist.

Eine Befehlszeile besteht aus einem oder mehreren Elementen, die durch eine oder mehrere Leerstellen voneinander getrennt sind. Die Elemente selbst sind eine Zeichenfolge, die keine Leerstellen enthalten dürfen.

Einfacher Befehl

Das erste Element, das unmittelbar nach dem '$'-Zeichen folgt, ist der Name des Befehls bzw. Programms.
Im Falle eines einfachen Befehls wird nur dieser Befehlsname eingegeben.

Beispiel eines einfachen Befehls:

```
who
```

Ein einfacher Befehl liefert bei seiner Beendigung einen Wert, der an die Shell gemeldet wird. Wurde der Befehl regulär beendet, ist dieser Wert der sog. Rückgabe-Code, bei einem Abbruch oktal 200+Status. Sind mehrere Befehle miteinander verknüpft (Pipe), wird der Wert des letzten einfachen Befehls an die Shell zurückgegeben.

Komplexer Befehl

Bei einem komplexen Befehl schließen sich an den Befehlsnamen ein oder mehrere Befehlselemente an, sog. Argumente bzw. Parameter, die von dem Befehlsnamen durch mindestens eine Leerstelle getrennt sind und zusätzliche Informationen enthalten.
Die Argumente werden von links nach rechts durchnumeriert, wobei der Befehlsname als Argument 0 angesehen werden kann.

Argumente sind durch mindestens eine Leerstelle voneinander getrennt. Sie bezeichnen normalerweise Dateien oder Verzeichnisse, auf die sich der Befehl bezieht.

Eine besondere Art von Argumenten sind die Optionen. Sie folgen in der Regel unmittelbar auf den Befehlsnamen und haben als erstes Zeichen ein Minuszeichen, an das sich mindestens ein Buchstabe anschließt. Jede Option bedeutet eine Modifikation des Befehls.

Beispiel eines komplexen Befehls:

ls -tr *Datei1 Datei2*

Folgende Optionen können beim Aufruf einer Shell angegeben oder nachträglich mit dem set-Kommando eingestellt werden:

-c *Zeichenkette*
Arbeiten Sie mit dieser Option, entnimmt das Programm die Befehle aus *Zeichenkette*.

-e Wenn Sie nicht im Dialog arbeiten, wird das Programm sofort beendet, wenn ein Befehl einen Fehler meldet.

-i Diese Option ermöglicht es Ihnen, im Dialog zu arbeiten, d. h. es kann kein im Dialog befindlicher Prozeß mit 'kill 0' beendet werden.

-k Alle Schlüsselwortargumente werden in die Befehlsumgebung gestellt, nicht nur diejenigen, die dem Befehlsnamen vorausgehen.

-n Befehle werden gelesen, aber nicht ausgeführt.

-r Mit dieser Option wird eine eingeschränkte Shell aufgerufen.

-s Die Befehle werden aus der Standardeingabe gelesen; die Ausgabe erfolgt in der Standard-Fehlerausgabe.

-t Ist ein Befehl gelesen und ausgeführt, wird das Programm beendet.

-u Variablen, denen kein Wert zugewiesen ist, führen bei ihrer Substitution zu Fehlermeldungen.

-v Eingabezeilen werden, unmittelbar nachdem sie gelesen wurden, ausgegeben.

-x Die Befehle und ihre Argumente werden vor ihrer Ausführung ausgegeben.

- Die Optionen '-v' und '-x' werden nicht mehr berücksichtigt.

-- Mit dieser Option können Sie der Variablen $1 den Wert '-' zuweisen. Optionen werden hierdurch nicht berührt.

Die Eingabe eine Pluszeichens setzt alle nachfolgenden Optionen außer Kraft.

Die aktuellen Optionen einer Shell finden Sie in der Variablen $-.

6.2.2 C

Die Sprache C, ursprünglich entwickelt als Systemimplementierungssprache, ist auf Grund ihrer Daten- und Kontrollstrukturen eine höhere Programmiersprache. Obwohl sie bis heute nicht standardisiert wurde, gilt die Sprachbeschreibung von Kernighan/Ritchie „The C Programming Language" als quasi-Standard.

Da C als die „UNIX-Sprache" gilt, ist unter jedem UNIX- oder UNIX-kompatiblen Betriebssystem ein sehr kompakter C-Compiler vorhanden, der leicht portiert werden kann. Der Übertragungsaufwand von vorhandener Software auf eine andere Hardware wird somit erheblich verringert.

Neben dem Compiler stehen Ihnen Dienstprogramme zur Verfügung, die Programmierung und Testen von C-Programmen erleichtern:

- Analyse von Quellprogrammen (lint)
- Formatierung von Quellprogrammen (cb)
- Crossrefenzlisten von Quellprogrammen (cxref)
- Kontrollflußdiagramme von Quellprogrammen (cflow)

cc — C-Compiler

SYNTAX:

cc [*Optionen*] *Datei* ...

BESCHREIBUNG:

Die angegebenen Dateien werden kompiliert und der Objektcode wird in Dateien mit dem gleichen Namen und der Endung .o gespeichert. Nur Dateien, deren Namen auf .c enden, werden als C-Quellprogramme angesehen. Besteht das C-Programm nur aus einer Quelldatei, wird die .o-Datei gelöscht, wenn das Programm kompiliert und gelinkt ist.

Dateien, deren Namen auf .s enden, werden als Assember-Quellprogramme erkannt und assembliert. Die Ausgabe wird — analog der Ausgabe von C-Kompilierungsläufen — in Dateien mit der Endung .o gespeichert. Andere Argumente als .c-Dateien, .s-Dateien und die nachstehend aufgeführten Optionen werden entweder als Link-Optionsargumente, als C-kompatible Objektprogramme, die aus einem früheren cc-Lauf stammen, oder auch als Bibliotheken von C-kompatiblen Routinen angenommen.

Ist das C-Quellprogramm fehlerfrei übersetzt und gelinkt, wird eine ausführbare Datei mit Namen a.out angelegt, falls nicht durch Optionen anders festgelegt.

Optionen:

-C	Kommentare werden vom Preprocessor nicht entfernt.
-D *Name* [=*Wert*]	Für den Preprocessor wird auf die gleiche Weise wie bei #define ein Name definiert. Geben Sie *Wert* nicht an, wird standardmäßig 1 eingesetzt.

-I *Verzeichnis* — Ändert den Such-Algorithmus für #include-Dateien, deren Namen nicht mit '/' beginnen. Zuerst wird im angegebenen Verzeichnis gesucht und dann erst in den Standardverzeichnissen. #include-Dateien, deren Namen in Anführungszeichen ("") eingeschlossen sind, werden zuerst im Verzeichnis der angegebenen Dateien gesucht, anschließend in dem in der '-I'-Option angegebenen Verzeichnis und zuletzt in den Standard-Verzeichnissen. Genauso wird verfahren, wenn die Namen der #include-Dateien in spitzen Klammern (<>) eingeschlossen sind, nur wird das Verzeichnis der angegebenen Dateien nicht durchsucht.

-P — Es wird nur der Preprocessor für die angegebenen Dateien aufgerufen. Das Ergebnis wird in Dateien gleichen Namens abgestellt, die auf .i enden.

-U *Name* — Die #define-Anweisung für *Name* wird aufgehoben.

-E — Es wird nur der Preprocessor für die angegebenen Dateien aufgerufen. Das Ergebnis wird in die Standardausgabe geschrieben.

-y — Einfügen lokaler Symbole zum Debuggen.

-O — Aufruf des Objektcode-Optimierers.

-L — Alle Adreß-Konstanten werden als 32-Bit-Konstanten generiert. Wird diese Option nicht angegeben, werden – wenn möglich – 16-Bit-Konstanten generiert.

-p — Schreibt eine hexadezimale Liste der Assembler-Ausgabe in die Standardausgabe.

-S — Kompiliert die angesprochenen C-Programme und erzeugt dabei Assembler-Quellcode in Dateien, deren Namen auf .s enden.

-u — Alle undefinierten Symbole werden beim Assemblieren als global behandelt. Dabei wird angenommen, daß sie später vom Linker aufgelöst werden.

-v — Alle Symbole müssen zur Assemblierzeit definiert sein.

-B ***hexAdr*** — Setzt den Anfang des nicht initialisierten Datenbereichs auf ***hexAdr***.

-d ***hexAdr*** — Setzt den Anfang des initialisierten Datenbereichs auf ***hexAdr***.

-J — Vorab-Zuordnung aller Seiten.

-L *Name* — Die Lader-Bibliothek *Name* wird eingebunden.

-o *Name* — Das ausführbare Programm erhält den angegebenen Namen statt a.out.

-Q — Altes Lader-Format. 16-Wort-Kopfteil; i und d sind nicht getrennt.

-r — Mit ld können a.out-Dateien wieder geladen werden.

-s — Entfernen aller Symbole aus a.out.

-T ***hexAdr*** — Setzt den Anfang des Textsegments auf ***hexAdr***.

-W — Neues Lader-Format; i und d sind nicht getrennt.

-X	Löschen der lokalen Lader-Symbole.
-A *Zeichenkette*	Suchen von Ersatz-Compilerschritten in den Dateien, deren Namen aus *Zeichenkette* und den Endungen cpp, c0, c1 und c2 bestehen. Wird keine Datei angegeben, wird eine Standard-Backupversion benutzt.
-c	Unterdrücken der Link-Phase nach der Kompilierung. Eine Objektdatei mit der Endung .o wird angelegt, auch wenn nur eine Datei kompiliert wird.
-t[p012]	Nur die angegebenen Compilerschritte werden in den Dateien, deren Namen von einer '-A'-Option konstruiert wurden, gesucht. Fehlt die '-A'-Option, wird als *Zeichenkette* /lib/n angenommen.
-z	Es wird ein Einzelschritt-Trace des Kompilierungslaufs erzeugt, der auch temporäre Dateien einschließt.

cc-Kommando-Elemente:

Die Elemente der Kommando-Folge, die mit cc aufgerufen wird, können auch einzeln angesprochen werden. Sie lauten folgendermaßen:

Preprocessor cpp

SYNTAX:

ccp [*Optionen*] *Datei*

Ausführen von Datei-Einbindungen, Ersetzungen, Makros und bedingter Kompilierung.

Compiler ccom

SYNTAX:

ccom [*Optionen*] *Datei*

Syntax-Prüfung und Umwandlung von C-Code in vorläufigen Assembler-Code.

Optimierer c2

SYNTAX:

c2 [*Optionen*] *Datei*

Optimierung des vorläufigen Assemblercodes.

Übersetzer mitalc

SYNTAX:

mitalc *Datei*

Übersetzung des vorläufigen Assembler-Codes in endgültigen Assembler-Code.

Assembler as

SYNTAX:

as [*Optionen*] *Datei*

Der Assembler erzeugt eine Datei mit verschiebbarem Objektcode, deren Name der gleiche ist wie der der Quelldatei, aber auf .o endet.

Linker/Lader ld

SYNTAX:

ld [*Optionen*] *Datei* ...

Der Linker verbindet mehrere Objektdateien zu einer, löst externe Verweise auf und bindet Bibliotheken ein, um ein ausführbares Programm zu erzeugen.

lint – Prüfung der Syntax und Semantik von C-Programmen

SYNTAX:

lint [-abchnpuvx] [*Datei* ...]

BESCHREIBUNG:

Das Dienstprogramm lint überprüft C-Programme und ermittelt Fehlerursachen und nicht portierbare oder überflüssige Teile. Es überprüft die Typverknüpfungen strenger als der C-Compiler selbst. Außerdem meldet es u. a. unerreichbare Befehle; Schleifen, die nicht an ihrem Anfang gestartet werden, nicht benutzte, aber definierte Variablen der Speicherklasse auto und logische Ausdrücke, deren Wert konstant ist. Der Aufruf von Funktionen wird ebenfalls überprüft. Hier wird im einzelnen festgestellt, ob Funktionen in einigen Fällen Werte zurückliefern und in anderen nicht, ob Funktionen mit unterschiedlicher Anzahl von Parametern aufgerufen werden und ob Funktionswerte nicht benutzt werden.

Standardmäßig wird angenommen, daß alle Dateien zusammen ein Programm bilden, sie werden auf gegenseitige Kompatibilität überprüft. Normalerweise benutzt lint die Funktionsdefinitionen aus der lint-Standardbibliothek llib-lc.ln, haben Sie die '-p'-Option angegeben, werden die Funktionsdefinitionen aus der portablen lint-Bibliothek llib-port.ln benutzt.

Im lint-Kommando können beliebig viele Optionen in beliebiger Reihenfolge angegeben werden; jede Option schließt bestimmte Arten von lint-Beanstandungen aus:

-a Keine Beanstandung von Zuweisungen von 'long'-Werten an nicht-'long'-Variablen

-b Keine Beanstandung von break-Anweisungen, die nicht erreicht werden (lex-yacc-Programme erzeugen häufig diese Meldung)

-c Keine Beanstandung von möglichen Portabilitätsschwierigkeiten

-h Mit dieser Option werden heuristische Tests unterdrückt, die Fehler erkennen, Überflüssiges reduzieren und den Programmierstil verbessern

-n Keine Überprüfung der Kompatibilität mit der Standard- bzw. portablen lint-Bibliothek

-p Überprüfung der Portabilität auf andere C-Dialekte

-u Keine Beanstandung von verwendeten, aber nicht deklarierten und deklarierten, aber nicht verwendeten Funktionen und externen Variablen (sinnvoll, wenn lint für Dateien aufgerufen wird, die Teil eines größeren Programms sind)

-v Keine Beanstandung von unbenutzten Argumenten in Funktionen

-x Keine Beanstandung von deklarierten, aber unbenutzten externen Variablen

Auch die -D, -U und -I Optionen des cc-Kommandos werden von lint berücksichtigt.

Eine Ursache von Beanstandungen von lint, die Sie nicht zu beachten brauchen, sind der Systemaufruf exit und andere Funktionen, die nicht zurückkehren.

Lint reagiert auch auf einige bestimmte Kommentare in Ihrem C-Programm:

/*NOTREACHED*/ Ab dieser Stelle wird die Beanstandung von unerreichbaren Anweisungen gestoppt.

/*VARARGS*n**/ Die normale Überprüfung auf variable Anzahl von Parametern in der folgenden Funktionsdeklaration wird unterdrückt. Die Datentypen der ersten *n* Argumente werden geprüft; ein fehlendes *n* wird als 0 interpretiert.

/*ARGSUSED*/ Die -v Option wird für die nächste Funktion in Kraft gesetzt.

/*LINTLIBRARY*/ Dieser Kommentar am Anfang einer Datei unterdrückt Meldungen über unbenutzte Funktionen in dieser Datei.

cb — Formatieren von C-Programmen

SYNTAX:

cb [-s] [-j] [-l *Länge*] [*Datei* ...]

BESCHREIBUNG:

Cb liest C-Quellcode aus der Standardeingabe oder aus den angegebenen Dateien und gibt sie nach Standardausgabe mit den Zwischenräumen und Einrückungen aus, die die Struktur des C-Codes widerspiegeln. Ohne Optionen verändert cb den vom Benutzer angegebenen Zeilenumbruch nicht.

Optionen:

-s Ausgabe in dem von Kerningham und Ritchie vorgegebenen Stil (The C Programming Language).

-j Getrennte Zeilen werden zusammengefügt.

-l *Länge* Zeilen, die die angegebene Länge überschreiten, werden getrennt.

cxref – Crossreferenzliste von C-Programmen

SYNTAX:

cxref [-cst] [-w *Breite*] [-o *Datei*] *Datei* ...

BESCHREIBUNG:

Cxref analysiert die angegebenen C-Quelldateien und erstellt auf Standardausgabe eine Crossreferenzliste sämtlicher auftretender Symbole. Ohne -c Option wird die Liste für jede Datei einzeln erstellt, mit -c wird eine kombinierte Liste für alle Dateien erstellt. Die Stelle, an der ein Symbol definiert wird, ist mit einem * gekennzeichnet.

Cxref schließt einen Preprocessorlauf mit ein.

Optionen:

-c	Kombinierte Liste für alle Dateien.
-w *Breite*	Ändern der Ausgabebreite (Standard: 80).
-o *Datei*	Umleiten der Ausgabe in die angegebene Datei.
-s	Unterdrücken der Ausgabe der Quell-Dateinamen.
-t	Ausgabebreite 80 Zeichen.

cflow – Kontrollflußdiagramme von C-Programmen

SYNTAX:

cflow [-r] [-ix] [-i_] [-d *Tiefe*] *Datei* ...

BESCHREIBUNG:

Cflow versucht, die externen Referenzen der angegebenen Dateien grafisch darzustellen, um so den statischen Kontrollfluß des Programms wiederzugeben. Die Darstellung erfolgt auf Standardausgabe. Cflow verarbeitet Dateien, die auf .y, .l, .c, .i, .a und .o enden.

Jede Ausgabezeile beginnt mit einer Zeilennummer, gefolgt von dem Variablen- oder Funktionsnamen der externen Referenz (Standard: nur Funktionen). Je nach Schachtelungstiefe der Referenz wird der Name um entsprechende Tabulatorpositionen eingerückt. An den Namen schließt sich ein Doppelpunkt und der Typ an (z. B. char *() = Funktion, die einen 'char'-Pointer liefert) und als letztes in spitzen Klammern die Quelldatei und die Zeile, in der sich die Definition dieses Elements befindet.

Bei Definitionen, die in gelinkten Objektdateien vorkommen, werden statt der Zeilennummern die Adressen (location counter) in der Objektdatei angegeben.

Bei mehrmaligem Auftreten der gleichen Referenz wird im folgenden in den spitzen Klammern nur die Zeilennummer des ersten Auftretens angegeben. Ist eine Referenz undefiniert, bleibt die spitze Klammer leer.

Beispiel: Datei test.c

```
main()
{
        f();
        g();
        f();
}

f()
{
        h();
}
```

Das Kommando cflow test.c erzeugt folgende Ausgabe:

```
1       main: int(), <test.c 1>
2               f: int(), <test.c 8>
3                       h: < >
4               g: < >
5               f: <2>
```

Optionen:

-r Die Beziehung aufrufende/aufgerufene Funktion wird umgekehrt, d. h. es wird eine sortierte Liste der Aufrufer jeder Funktion erzeugt.

-ix Nicht nur Funktionen, sondern auch externe und statische Daten werden in die Darstellung mitaufgenommen.

-i_ Auch Funktionen, deren Name mit _ beginnt (i. a. Systemfunktionen), werden mitaufgenommen.

-d *Tiefe* Angabe einer maximalen Schachtelungstiefe für Referenzen, die ausgegeben werden (Standard: sehr groß).

6.2.3 Pascal

Die Programmiersprache Pascal wurde an der technischen Hochschule Zürich entwickelt. Aufgrund ihrer Vielzahl von Kontroll- und Datenstrukturen sowie der Möglichkeit, neue Datentypen zu definieren, setzte sie sich relativ schnell durch und ist inzwischen eine international anerkannte Sprache, die sowohl in der Anwendungs- als auch in der Systemprogrammierung eingesetzt wird.

pc – Pascal-Compiler

SYNTAX:

pc [*Optionen*] *Datei*.pas ... [*Datei*.obj ...] [*Datei*.o ...]

BESCHREIBUNG:

Der Pascal-Compiler pc übersetzt Pascal-Quelltexte, bindet sie mit vorübersetzten Units und Objektdateien und liefert als Ergebnis ein ausführbares Programm.

Dateien, deren Name mit .pas enden, also Pascal-Quellen, werden in Pascal-Objektcode übersetzt und in die Dateien *Datei*.obj abgelegt.

Hinweise:

- Werden mehrere Quelldateien übersetzt, darf nur eine der Dateien ein Hauptprogramm enthalten.
- Der Name dieses Programms dient zur Bildung der Compiler-Dateinamen.
- Die Dateien werden in der Aufzählungsreihenfolge übersetzt.
- Eine Unit muß übersetzt sein, bevor sie in einer Uses-Kennung benutzt wird.

Dateien, deren Name mit einem .obj endet, werden durch den U-Linker mit den aus dem Quelltext erzeugten .obj-Dateien in eine .o-Datei gebunden.

Der cc-Linker bindet die .o-Datei mit den anderen .o-Dateien zu einer ausführbaren Datei. Diese hat standardmäßig den Namen a.out, der Name kann durch die '-o'-Option geändert werden.

Die Zwischendateien *Datei*.i, *Datei*.obj und *Name*.o werden nach der erfolgreichen Übersetzung normalerweise gelöscht.

Optionen:

-l pc gibt während der verschiedenen Kompilier- und Formatierphasen einen fortlaufenden Bericht.
Es werden Listingdateien mit Namen *Datei*.lst erstellt.

-o *Datei* Das ausführbare Programm erhält den angegebenen Namen statt a.out.

-c Die Übersetzung endet nach der Erzeugung der Datei *Datei*.o. Diese .o-Dateien können vom cc-Linker oder ld-Linker/Lader weiterverarbeitet werden.

-m In *Datei*.map werden Link-Informationen abgelegt.

-u	Die Übersetzung endet nach der Erzeugung der .obj-Dateien. Diese Option dient zur separaten Übersetzung von Units. Die .obj-Dateien können dann bei der Übersetzung des gesamten Programms angegeben werden.
-f *Datei*	Ist die Anzahl der mitzubindenden .obj- und .o-Dateien sehr groß, so reicht eventuell der Eingabepuffer nicht aus. Mit dieser Option werden die Namen der .o- und .obj-Dateien aus der angegebenen Datei gelesen.
-d	pc erstellt eine Datei *Datei*.dbg mit Informationen für den Pascal-Debugger.
-e	Der Compiler legt Fehlermeldungen in der Datei *Datei*.err ab.

6.3 Testsystem

6.3.1 Dump

od – Ausdrucken von Dateiinhalten (Dump)

SYNTAX:

od [-bcdosx] [*Datei*] [[+]*Distanz*[.][b]]

BESCHREIBUNG:

Mit dem Befehl od können Sie eine Datei in unterschiedlichen Formen, entsprechend dem ersten angegebenen Argument, darstellen lassen. Fehlen alle diese Argumente, so wird standardmäßig '-o' eingesetzt.

Zwischen folgenden Möglichkeiten der Darstellung können Sie wählen:

-b Die Bytes werden oktal angegeben.

-c Die Bytes werden im ASCII-Code aufgeführt. Einige nicht darstellbare Zeichen werden wie in der Programmiersprache C üblich angegeben.

- NUL = \0
- Backspace = \b
- Seitenvorschub = \f
- Neue Zeile = \n
- CR = \r
- Tabulator = \t

Andere nicht darstellbare Zeichen erscheinen als 3-ziffrige Oktalzahlen.

-d Worte werden als Dezimalzahl ohne Vorzeichen angegeben.

-o Worte werden als Oktalzahl angegeben.

-s Worte werden als Dezimalzahl mit Vorzeichen angegeben.

-x Worte werden als Hexadezimalzahl angegeben.

Als zweites Argument beim Aufruf dieses Befehls geben Sie die Datei an, für die die Ausgabe erstellt werden soll. Geben Sie keine Datei an, nimmt das Programm die Standardeingabe.

Durch die Angabe von *Distanz* können Sie die Stelle innerhalb der Datei festlegen, ab der der Ausdruck erfolgen soll. *Distanz* wird in der Regel in Oktalbytes interpretiert; die Interpretation in Dezimalbytes erfolgt, wenn ein Punkt angefügt wird. Geben Sie 'b' an, wird die Angabe in 512-Bytes-Blöcken interpretiert.
Geben Sie keine Datei an, muß vor *Distanz* ein Pluszeichen eingegeben werden.

size – Ermitteln des Speicherplatzes einer Objektdatei

SYNTAX:

size [-o] [-x] [-V] [*Objektdatei* ...]

BESCHREIBUNG:

Mit diesem Befehl können Sie sich die Anzahl Bytes (als Dezimalzahl) eines Objektprogramms anzeigen lassen; geben Sie keine Dateien an, nimmt das Programm die Datei a.out.

Folgende Ausgaben erfolgen von links nach rechts:

- Größe des Programm-Codes (dezimal).
- Größe der initialisierten Variablen (dezimal).
- Größe der nicht initialisierten Variablen (dezimal).
- Tabellengröße der globalen Symbole (dezimal).
- Gesamtgröße des Objektprogramms (dezimal, oktal, hexadezimal).

Optionen:

-o Die Ausgabe erfolgt oktal.

-x Die Ausgabe erfolgt hexadezimal.

-V Die Ausgabe enthält Angaben über die Version von *Objektdatei*.

6.3.2 Zeitmessung

time – Angabe über die Laufzeit eines Programms

SYNTAX:

time *Kommando*

BESCHREIBUNG:

Das angegebene Kommando wird ausgeführt. Im Anschluß daran wird die real gebrauchte Zeit für die gesamte Kommandoausführung, die Systemzeit und die Ausführungszeit – jeweils in Sekunden – angezeigt.

timex – Generierung eines Berichts über die Systemaktivitäten

SYNTAX:

timex [*Optionen*] *Befehl*

BESCHREIBUNG:

Mit diesem Befehl erhalten Sie nach Ausführung eines Kommandos folgende Informationen – jeweils in Sekunden – über

- die Zeitspanne zwischen Eingabe des Befehls und Ausführung
- die Dauer der Ausführung
- die Dauer der Inanspruchnahme des Systems.

Darüber hinaus werden sie über Systemaktivitäten, die während der Befehlsausführung erfolgten, unterrichtet, wie

- die Dauer der Beanspruchung der CPU
- Ein- und Ausgabeaktivitäten
- Zugriffe auf Dateisysteme.

Es werden also sämtliche Systemaktivitäten gemeldet, nicht nur diejenigen, die auf den Befehl zurückzuführen sind.

Diese Ausgaben erfolgen in der Standard-Fehlerausgabe.

Optionen:

-p Auflistung aller Prozeßaktivitäten von *Kommando* sowie der zugehörigen Kindprozesse.

-o Angabe der von *Kommando* selbst und seiner Kindprozesse gelesenen und geschriebenen Anzahl Blöcke sowie der transferierten Zeichen.

-s Angabe **aller** Systemaktivitäten während der Ausführung von *Kommando*.

6.4 Verwaltung

6.4.1 Produktion

make – Pflege, Aktualisierung und Regenerierung von Programmsystemen

SYNTAX:

make [*Optionen*] [*Makrodefinitionen*] [*Zielobjekte*]

BESCHREIBUNG:

Das Folgende ist eine Kurzbeschreibung aller *Optionen* und einiger spezieller Namen:

-f *Makedatei* Name der Beschreibungsdatei. *Makedatei* ist der benutzerdefinierte Name der Beschreibungsdatei. Der Dateiname '-' kennzeichnet die Standardeingabe. Eingebaute Regeln werden, falls sie vorhanden sind, vom Inhalt der *Makedateien* überschrieben.

-p Die komplette Liste von *Makrodefinitionen* und *Zielobjekt*beschreibungen wird ausgegeben.

-i Fehlerrückgabewerte der aufgerufenen Kommandos werden ignoriert. Dieser Modus ist auch eingestellt, wenn das Schein-*Zielobjekt* .IGNORE in der Beschreibungsdatei auftaucht.

-k Im Fehlerfall werden die Tätigkeiten an diesem Eintrag eingestellt, andere Einträge werden weiterbearbeitet, wenn sie von dem fehlerhaften Eintrag nicht abhängig sind.

-s Stiller Modus. Kommandos werden nicht vor ihrer Ausführung ausgedruckt. Dieser Modus ist auch eingestellt, wenn das Schein-*Zielobjekt* .SILENT in der Beschreibungsdatei auftaucht.

-r Die eingebauten Regeln werden nicht benutzt.

-n Modus des nicht Ausführens. Die Kommandos werden ausgegeben, aber nicht ausgeführt; auch Kommando-Zeilen, die mit '@' beginnen, werden ausgegeben.

-b Modus zum Erreichen von Kompatibilität alter *Makedateien*.

-e Umgebungsvariablen überschreiben Zuweisungen innerhalb von *Makedateien*.

-m Ein Speicherauszug zeigt die Größe von Text, Daten und Stack. Die Option arbeitet nur auf Systemen mit dem getu-Systemaufruf.

-t Die *Zielobjekte* bekommen ein neues Erstellungsdatum, ohne eine Generierung auszuführen.

-d Modus der Fehlersuche. Eine genaue Information über die Datei und deren Erstellungsdatum wird ausgegeben.

-q Frage. Mit dem Rückgabe-Code Null oder ungleich Null antwortet das make-Kommando auf die Frage, ob die *Zielobjekte* aktuell oder nicht aktuell sind.

.DEFAULT Wenn ein *Zielobjekt* erstellt werden muß, aber keine ausdrücklichen Kommandos oder anwendbaren, eingebauten Regeln existieren, werden die mit .DEFAULT beschriebenen Kommandos benutzt, falls sie vorhanden sind.

.PRECIOUS Abhängigkeiten dieses *Zielobjektes* werden nicht gelöscht, wenn die Bearbeitung durch Abbruch oder Unterbrechung beendet wird.

.SILENT Hat dieselbe Wirkung wie die Option '-s'.

.IGNORE Hat dieselbe Wirkung wie die Option '-i'.

Make führt die in der *Makedatei* enthaltenen Kommandos aus, um ein oder mehrere *Zielobjekte* zu aktualisieren. *Zielobjekt* ist typischerweise ein Programm oder ein Programmsystem. Ohne die Option '-f' wird in der Reihenfolge makefile, Makefile, s.makefile und s.Makefile gesucht. Die Standardeingabe wird genommen, falls *Makedatei* den Namen '-' hat. Es dürfen mehr als ein '-'-*Makedatei* Parameter-Paar auftreten.

Make aktualisiert ein *Zielobjekt* nur dann, wenn abhängige Dateien neueren Datums sind als das *Zielobjekt*. Alle Dateien, die Voraussetzung für das *Zielobjekt* sind, werden rekursiv der Liste der *Zielobjekte* hinzugefügt. Bei fehlenden Dateien wird angenommen, daß sie nicht aktuell sind.

Makedatei enthält eine Reihe von Einträgen, die Abhängigkeiten präzisieren. In der ersten Zeile eines Eintrages steht eine nicht-leere Liste von *Zielobjekten*, die durch Leerzeichen getrennt sind, darauffolgend ein Doppelpunkt, anschließend eine möglicherweise leere Liste von vorausgesetzten oder abhängigen Dateien. Text, der nach einem Semikolon steht, und folgende Zeilen, die mit dem Tabulatorzeichen beginnen, werden als Shell-Kommandos zur Aktualisierung des *Zielobjektes* interpretiert. Die erste Zeile, die nicht mit dem Tabulatorzeichen oder dem Nummernzeichen (#) beginnt, beschreibt eine neue Abhängigkeit oder *Makrodefinition*. Shell-Kommandos können mit Hilfe von '\', gefolgt vom Zeilenendezeichen, über mehr als eine Zeile geschrieben werden. Alle durch make ausgegebenen Zeichen (außer dem einleitenden Tabulatorzeichen) werden so, wie sie sind, an die Shell weitergegeben. Deshalb ergibt der Aufruf:

```
echo a\
b
```

die Ausgabe:

```
ab
```

Kommentare werden vom Kommentarzeichen (#) und dem Zeilenendezeichen eingegrenzt.

Die folgende *Makedatei* besagt, daß adr_liste von drei Dateien lese.o, sortiere.o und schreibe.o abhängt und diese von ihren korrespondierenden Quelldateien sowie der gemeinsamen Datei hilf.h:

```
adr_liste:     lese.o sortiere.o schreibe.o
    cc lese.o sortiere.o schreibe.o -o adr_liste
lese.o:        lese.c hilf.h
    cc -c lese.c
sortiere.o:    sortiere.c hilf.h
    cc -c sortiere.c
schreibe.o:    schreibe.c hilf.h
    cc -c schreibe.c
```

Kommando-Zeilen werden einzeln durch jeweils eine eigene Shell ausgeführt. Das erste oder die ersten beiden Zeichen in einem Kommando können wie folgt sein: '-', '@', '-@' oder '@-'. Bei '@' wird die Ausgabe der Kommandozeile unterdrückt. Auftretende Fehler werden von make bei '-' ignoriert. Eine Kommando-Zeile wird vor ihrer Ausführung ausgegeben, solange nicht die Option '-s' oder der Eintrag .SILENT: in *Makedatei* gesetzt ist oder zu Beginn der Zeile ein '@' steht. Die Option '-n' ruft Kommando-Zeilenausgabe ohne Ausführung der Kommandos auf; beinhaltet eine Kommando-Zeile die Zeichenkette $(MAKE), so wird diese Zeile in jedem Fall ausgeführt (siehe auch Diskussion des MAKEFLAGS-Makros unter Systemumgebung). Die Option '-t' aktualisiert das Erstellungsdatum, ohne daß Kommandos ausgeführt werden.

Kommandos mit einem Rückgabe-Code ungleich Null beenden normalerweise die Ausführung von make. Bei der Option '-i', dem Eintrag .IGNORE: in *Makedatei* oder einer vorangestellten Zeichenkette, die '-' enthält, werden auftretende Fehler ignoriert. Bei der Option '-k' wird im Fehlerfall die Bearbeitung des aktuellen Eintrages beendet, sie wird aber in Einträgen, die von dem fehlerhaften Eintrag nicht abhängig sind, fortgesetzt.

Die Option '-b' ermöglicht die korrekte Benutzung alter *Makedateien* (solche, die für die alte Version von make geschrieben sind). Der Unterschied zwischen der alten Version von make und dieser Version liegt darin, daß bei dieser Version jeder Abhängigkeitszeile ein leeres oder implizites Kommando folgt. Die vorhergehende Version von make setzte voraus, daß, falls kein Kommando ausdrücklich aufgerufen wurde, auch kein Kommando ausgeführt wurde.

Bei Unterbrechung oder Abbruch wird das *Zielobjekt* gelöscht, wenn das *Zielobjekt* nicht von dem speziellen Namen .PRECIOUS abhängt.

Systemumgebung

Die Systemumgebung wird von make gelesen. Alle Variablen werden als Makrodefinitionen vorausgesetzt und als solche verarbeitet. Die Umgebungsvariablen werden vor jeder *Makedatei* und nach den internen Regeln verarbeitet; deshalb überschreiben Makrozuweisungen in einer *Makedatei* die Umgebungsvariablen. Die Option '-e' bewirkt das Überschreiben der Makrozuweisungen einer *Makedatei* durch die Systemumgebung.

Die Umgebungsvariable MAKEFLAGS wird von make ausgeführt, als enthielte sie legale Eingabe-Optionen (außer -f, -p und -d), definiert für eine Kommando-Zeile. Von make wird eine solche Variable „erfunden", wenn es sie nicht gibt. Make stellt die aktuellen Optionen hinein und übergibt sie beim Aufruf von Kommandos. Deshalb enthält MAKEFLAGS immer die aktuellen Optionen. Dies ist nützlich bei „Supermakes". Tatsächlich wird, wie oben beschrieben, bei der Option '-n' das Kommando $(MAKE) in jedem Fall ausgeführt; damit zeigt ein make -n rekursiv für ein komplettes Software-System an, was noch ausgeführt werden müßte. Das liegt daran, daß die Option '-n' in MAKEFLAGS gestellt und an die weiteren Aufrufe durch $(MAKE) übergeben wird. So gibt es eine Möglichkeit, um die Makedateien eines Software-Systems auf Fehler zu untersuchen, ohne irgendetwas zu aktualisieren.

Makros

Einträge der Form *Zeichenkette1=Zeichenkette2* heißen Makrodefinitionen. *Zeichenkette2* ist definiert als alle Zeichen bis zu einem Kommentarzeichen oder einem Zeilenendezeichen. Ein späteres Auftreten von $(*Zeichenkette1*[*:Unterkette1*=[*Unterkette2*]]) wird durch *Zeichenkette2* ersetzt. Die Klammern sind optional, wenn es sich um einen einbuchstabigen Makronamen handelt und es keine Ersetzungszeichenkette gibt. Die Option *Unterkette1=Unterkette2* ist eine Ersetzungszeichenkette. Wenn sie aufgeführt ist, werden alle nicht überlappenden Vorkommen von *Unterkette1* in diesem Makro durch *Unterkette2* ersetzt. Zeichenketten für diesen Zweck sind begrenzt durch Leer-, Tabulator- oder Zeilenendezeichen auf der einen und dem Beginn der Zeile auf der anderen Seite. Ein Beispiel für die Benutzung von Ersetzungszeichenketten findet sich im Abschnitt Bibliotheken.

Interne Makros

Es gibt fünf intern geführte Makros, die hilfreich beim Schreiben von Regeln zur Bildung von *Zielobjekten* sind.

$*** Das Makro **$* steht für den Dateinamen der aktuellen Abhängigkeit ohne die Endung. Es wird nur bei Ableitungsregeln ausgewertet.

$@** Das Makro **$@ steht für den vollständigen Namen des aktuellen *Zielobjektes*. Es wird nur bei ausdrücklich benannten Abhängigkeiten ausgewertet.

$<** Das Makro **$< wird nur für Ableitungsregeln und die .DEFAULT-Regel ausgewertet. Es handelt sich um das Modul, welches in Bezug auf das *Zielobjekt* nicht aktuell ist (z. B. den Namen der zu erstellenden abhängigen Datei). So wird in der .c.o-Regel das Makro **$<** als die .c-Dateien interpretiert. Nachfolgend ein Beispiel für das Herstellen von optimierten .o-Dateien aus .c-Dateien:

```
.c.o:
        cc -c -O $*.c
```

oder

```
.c.o:
        cc -c -O $<
```

$?** Das Makro **$? wird benutzt, wenn ausdrückliche Regeln der *Makedatei* ausgewertet werden. Dies ergibt eine Liste von Voraussetzungen, die in Bezug auf das *Zielobjekt* nicht aktuell sind; eigentlich sind es die Moduln, die aktualisiert werden müssen.

$% Das Makro **$%** wird nur dann ausgewertet, wenn das *Zielobjekt* ein Archivbibliotheks-Inhalt der Form adr(lese.o) ist. In diesem Fall wird **$** als adr und **$%** als der Bibliotheksinhalt lese.o ausgewertet.

Vier der fünf Makros können eine Ergänzung haben. Ein großes D oder F, angehängt an eines der vier Makros, ändert die Bedeutung dieses Makros in Verzeichnisteil bei D und Dateiteil für F. So zeigt das Makro **$(@D)** auf den Verzeichnisteil der Zeichenkette **$@**. Gibt es keinen Verzeichnisteil, so wird ./ erzeugt. Das Makro **$?** ist von dieser zusätzlichen Bedeutung ausgeschlossen.

Endungen

Bestimmte Namen, vor allem solche, die mit .o enden, haben ableitbare Voraussetzungen wie .c, .s, etc. Gibt es keine Aktualisierungskommandos für solche Dateien in *Makedatei*, aber eine ableitbare Voraussetzung erfüllt ist, so wird die Voraussetzung zum Herstellen des *Zielobjektes* ausgeführt. Für diesen Fall besitzt make Ableitungsregeln, die das Herstellen von Dateien aus anderen Dateien mit Hilfe der Endungen und nach Ermittlung der geeigneten Ableitungsregel ermöglichen. Zur Zeit gibt es solche Ableitungsregeln für die Endungen:

```
.c  .c~  .sh  .sh~  .c.o  .c~.o  .c~.c  .s.o  .s~.o  .y.o  .y~.o
.l.o  .l~.o  .y.c  .y~.c  .l.c  .c.a  .c~.a  .s~.a  .h~.h
```

Diese internen Regeln für make befinden sich in der Quelldatei rules.c. Die Regeln können lokal geändert werden. Um die Regeln, die in make zusammengestellt sind, in einer passenden Form für den Gebrauch auszudrucken, wird folgendes Kommando benutzt:

```
make -fp - 2>/dev/null </dev/null
```

Eine Tilde (~) in den o. g. Regeln verweist auf eine SCCS-Datei (siehe sccs). So würde die Regel .c~.o eine SCCS C-Quelldatei in eine Objektdatei (.o) überführen. Da s. eine Kennung von SCCS-Dateien ist, ist sie, vom Standpunkt der make-Endungen ausgehend, unverträglich.

Eine Regel mit nur einer Endung, z. B. .c:, definiert das Herstellen von x aus x.c. Alle anderen Endungen sind hierbei nicht wirksam. Dies ist nützlich für das Herstellen von *Zielobjekten* aus nur einer Quelldatei (z. B. Shell-Prozeduren oder einfachen C-Routinen).

Zusätzliche Endungen können als Abhängigkeiten von .SUFFIXES definiert werden. Dabei ist die Reihenfolge maßgeblich; auf den ersten möglichen Namen, für den es sowohl eine Datei als auch eine Regel gibt, wird als Voraussetzung geschlossen. Die Voreinstellungsliste umfaßt:

```
.SUFFIXES: .o .c .y .l .s
```

Auch hierfür druckt das o. g. Kommando die Liste der Endungen, die auf der Maschine implementiert sind. Mehrfache Endungslisten addieren sich; .SUFFIXES: ohne Abhängigkeit löscht die Liste der Endungen.

Ableitungsregeln

Das erste Beispiel kann in der folgenden Form wesentlich kürzer geschrieben werden:

```
adr_liste:      lese.o sortiere.o schreibe.o
        cc lese.o sortiere.o schreibe.o -o adr_liste
lese.o sortiere.o schreibe.o:      hilf.h
```

Das liegt daran, daß make eine Sammlung interner Regeln zur Bildung von *Zielobjekten* besitzt. Sie können Regeln zu dieser Sammlung hinzufügen, indem Sie sie einfach in die *Makedatei* schreiben.

Bestimmte Makros werden von voreingestellten Ableitungsregeln benutzt, um die Einbeziehung von optionalen Gegebenheiten in die Kommandos zu erlauben. Z. B. enthalten die Makros CFLAGS, LFLAGS und YFLAGS Übersetzeroptionen für cc, lex und yacc. Auch hier wird die o. g. Methode zur Erläuterung der Regeln empfohlen.

Die Ableitung aus Voraussetzungen kann überprüft werden. Die Regel, um eine Datei mit der Endung .o aus einer Datei mit der Endung .c zu erzeugen, wird mit dem Eintrag .c.o: als *Zielobjekt* und ohne Abhängigkeit präzisiert. Shell-Kommandos, verbunden mit dem *Zielobjekt*, definieren die Regel, eine .o-Datei aus einer .c-Datei herzustellen. Jedes *Zielobjekt*, welches keinen Schrägstrich beinhaltet und mit einen Punkt beginnt, wird als Regel und nicht als echtes *Zielobjekt* identifiziert.

Bibliotheken

Beinhaltet ein *Zielobjekts*- oder Abhängigkeitsname Klammern, wird er als Name einer Archivbibliothek angenommen; die Zeichenkette innerhalb der Klammern verweist auf ein Modul der Bibliothek. So verweisen adr(lese.o) und $(LIB)(lese.o) beide auf ein Modul lese.o in einer Archivbibliothek. (Voraussetztung ist allerdings, daß das Makro LIB vorher definiert wurde.) Der Ausdruck $(LIB)(lese.o sortiere.o) ist nicht zulässig. Regeln, die sich auf Archivbibliotheken beziehen, haben die Form .*XX*.a, wobei *XX* die Endung ist, die die Moduln des Archivs haben.

Ein Nebenprodukt der aktuellen Implementation fordert, daß *XX* unterschiedlich zur Endung der Archiv-Moduln sein muß. Deshalb darf es keine ausdrückliche Abhängigkeit zwischen adr(lese.o) und lese.o geben. Das folgende Beispiel zeigt die gewöhnliche Benutzung der Archivschnittstelle. Hierbei wird vorausgesetzt, daß alle Dateien C-Quellcode enthalten:

```
CC   = cc
LIB  = adr
$(LIB): adr(lese.o) adr(sortiere.o) adr(schreibe.o)
        @echo adr ist jetzt aktuell
.c.a:
        $(CC) -c $(CFLAGS) $<
        ar rv $ $*.o
        rm -f $*.o
```

Tatsächlich ist die oben notierte .c.a-Regel in make eingebaut und deshalb in diesem Beispiel überflüssig. Im folgenden ein sehr interessantes, aber auch begrenztes Beispiel einer Archivbibliotheks-Konstruktion:

```
$(LIB): adr(lese.o) adr(sortiere.o) adr(schreibe.o)
        $(CC) -c $(CFLAGS) $(?:.o=.c)
        ar rv $(LIB) $?
        rm $?
        @echo adr ist jetzt aktuell
.c.a:;
```

Hier wird der Ersetzungsmodus der Makro-Erweiterungen ausgenutzt. Die $?-Liste ist als die Sammlung der Objektdateinamen (innerhalb adr) definiert, deren C-Quelldateien nicht mehr aktuell sind. Der Ersetzungsmodus überführt .o nach .c. (Z. Zt. kann nicht gleich nach .c~ überführt werden; vielleicht wird dies in der Zukunft möglich sein.) Bemerkenswert ist die hier entbehrliche .c.a:-Regel, die jede Objektdatei, eine nach der anderen, erzeugen würde. Dieses spezielle Konstrukt beschleunigt die Pflege der Archivbibliothek beträchtlich. Das Konstrukt arbeitet wesentlich schwerfälliger, wenn die Archivbibliothek sowohl assemblierte Programme als auch C-Quellcode enthält.

DATEIEN:

[Mm]akedatei und s.[Mm]akedatei

6.4.2 Versionskontrolle

admin – Anlegen und Verwalten von SCCS-Dateien

SYNTAX:

admin [*Optionen*] [*Datei* ...]

BESCHREIBUNG:

Admin wird zum Anlegen neuer SCCS-Daeien und zum Ändern von Parametern bereits angelegter SCCS-Dateien benutzt. Schlüsselbuchstaben (nachfolgend Optionen genannt), die durch ein Minuszeichen (–) eingeleitet werden und Dateinamen (SCCS-Dateinamen müssen mit der Zeichenfolge 's.' beginnen) sind die Arten von Argumenten, die in Verbindung mit dem admin-Kommando zulässig sind. Ist die angegebene Datei noch nicht angelegt, so wird sie unter Berücksichtigung der angegebenen Optionen angelegt. Parameter, denen kein Anfangswert zugewiesen wird, erhalten einen Standardwert. Wird ein admin-Kommando zu einer bereits angelegten Datei ausgeführt, so wird der durch die Optionen spezifizierte Dateiteil verändert oder gelöscht.

Wird ein Verzeichnisname angegeben, so verhält sich das admin-Kommando so, als wären alle Dateien dieses Verzeichnisses angegeben. Nicht-SCCS-Dateien und nicht lesbare Dateien werden stillschweigend ignoriert. Wird ein '–' als Datei angegeben, so wird die Standardeingabe gelesen. Jede von der Standardeingabe eingegebene Zeile wird als Dateiname verwendet. Auch hier werden Nicht-SCCS-Dateien und nicht lesbare Dateien stillschweigend ignoriert.

Die Reihenfolge der Optionen hat keinen Einfluß auf die Bearbeitung der angegebenen Dateien. Folgende Optionen sind zulässig:

-n — Diese Option signalisiert, daß eine neue SCCS-Datei angelegt werden soll.

-i[*Name*] — Name der Datei, aus der der Text für die neue SCCS-Datei entnommen wird. Der Text bildet das erste Delta der Datei (siehe '-r'-Option bzgl. des Delta-Numerierungsschemas). Geben Sie die '-i'-Option ohne einen Namen an, wird der Text bis zur Erkennung des Dateiendes aus der Standardeingabe gelesen. Fehlt die '-i'-Option, so wird die Datei ohne Textinhalt angelegt. Durch ein admin-Kommando mit der '-i'-Option kann nur jeweils eine SCCS-Datei angelegt werden. Wird ein admin-Kommando zum Anlegen mehrerer SCCS-Dateien verwendet, so werden diese Dateien ohne Textinhalt angelegt ('-i'-Option darf nicht verwendet werden). Die '-i'-Option schließt die '-n'-Option ein.

-r*REL* Das angegebene *Release*, in dem das Anfangsdelta eingefügt wird. Diese Option kann nur in Verbindung mit der '-i'-Option verwendet werden. Wird die '-r'-Option nicht benutzt, so wird das Anfangsdelta in das Release 1 eingefügt. Die Stufe des anlegenden Deltas ist grundsätzlich 1 (standardmäßig wird das erste Delta 1.1 genannt).

-t[*Name*] Name der Datei, der der beschreibende Text entnommen wird. Wird die '-t'-Option in Verbindung mit der '-n' oder der '-i'-Option verwendet, so ist der Dateiname anzugeben. Ist die SCCS-Datei bereits vorhanden, so wird der beschreibende Text bei Verwendung der '-t'-Option ohne Dateinamen gelöscht. Wird beim gleichen Fall *Name* angegeben, so wird der beschreibende Text ausgetauscht.

-f*Flag*[*Wert*] Diese Option definiert ein Flag und weist ihm gegebenenfalls einen Wert zu. Mehrere '-f'-Optionen können in einem admin-Kommando angegeben werden. Die erlaubten *Flags* und deren Werte sind:

b ermöglicht den Gebrauch der '-b'-Option beim get-Kommando, um Zweigdeltas anzulegen.

c[*ceil*] Eine Zahl kleiner oder gleich 9999. Das höchste Release („Decke"), das durch das get-Kommando für Editierungen wiederhergestellt werden kann. Der Standardwert ist 9999.

f[*floor*] Eine Zahl größer als 0, aber kleiner als 9999. Das kleinste Release („Boden"), das durch das get-Kommando zur Editierung wiederhergestellt werden kann. Der Standardwert ist 1.

d[*SID*] Die SCCS-Identifikationsnummer (SID), die bei einem get-Kommando verwendet wird.

i Bewirkt, daß die 'No id keywords (ge6)'-Meldung, falls sie beim get- oder delta-Kommando auftritt, als ein schwerwiegender Fehler interpretiert wird. Ist dieses Flag nicht gesetzt, gilt diese Meldung lediglich als Warnung. Die Meldung wird ausgegeben, wenn kein SCCS-Identifikations-Schlüssel (siehe get) in dem wiederhergestellten Text gefunden wird oder in der SCCS-Datei abgespeichert ist.

j Erlaubt konkurrierende get-Kommandos zur Editierung des gleichen SID einer SCCS-Datei. Somit werden verschiedene konkurrierende Änderungen der SCCS-Datei ermöglicht.

l[*Liste*] Liste von Releases zu denen keine Deltas mehr angelegt werden können (wird dennoch ein get -e-Kommando mit einer solchen Version aufgerufen, erfolgt eine entsprechende Fehlermeldung).

Die Liste hat folgende Syntax:

<*Liste*> ::= <*Umfang*> | <*Liste*>,<*Umfang*>
<*Umfang*> ::= <*Releasenummer*> | a

Der Buchstabe a in der Liste ist gleichbedeutend der Spezifizierung aller Releases der genannten SCCS-Datei.

n Veranlaßt das delta-Kommando 'wertlose' Deltas für übersprungene Releases anzulegen (z. B. Delta 5.1 wird nach Delta 2.7 angelegt, Release 3 und 4 werden übersprungen). Geben Sie dieses Flag an, dienen die 'wertlosen' Deltas als Verankerungspunkte für spätere Zweigdeltas. Wird das 'n'-Flag nicht angegeben, werden die Verankerungspunkte nicht angelegt und folglich können keine Zweigdeltas in den übersprungenen Releases angebracht werden.

q[*Text*] Vom Benutzer definierbarer Text, der alle Vorkommen des %Q%-Schlüssels bei der Wiederherstellung durch get ersetzt.

m[*Mod*] Modulname der SCCS-Datei, der alle Vorkommen des %M%-Schlüssels im SCCS-Dateitext bei der Wiederherstellung mittels get-Kommando ersetzt. Ist das 'm'-Flag nicht angegeben, wird der %M%-Schlüssel durch den SCCS-Dateinamen – ohne die Zeichenfolge 's.' – ersetzt.

t[*Typ*] Bei der Wiederherstellung eines Deltas durch das get-Kommando werden alle abgespeicherten %Y%-Schlüssel durch den Typ des Moduls ersetzt.

v[*Pgm*] Bei der Ausführung des delta-Kommandos verlangt delta Modification-Request-Nummern, die die Änderung begründen. Der optionale Inhalt gibt den Namen eines 'MR-Nummern-Prüfprogramms' an. Geben Sie das 'v'-Flag beim Anlegen der Datei an, muß auch die '-m'-Option angegeben werden, auch wenn diese keinen Inhalt hat.

-d*Flag* Veranlaßt das Löschen des angegebenen Flags aus der SCCS-Datei. Die '-d'-Option kann nur dann angegeben werden, wenn bereits angelegte SCCS-Dateien bearbeitet werden. Mehrere '-d'-Optionen können an ein einzelnes admin-Kommando angefügt werden. Alle erlaubten Flags sind unter der Beschreibung der '-f'-Option zu finden.

-l[*Liste*] Liste von Releases, die nicht gesperrt sein sollen. Unter der Beschreibung der '-f'-Option ist die Beschreibung des 'l'-Flags und der Syntax von *Liste* zu finden.

-a*Name* Login-Name oder Gruppen-ID der bzw. die an die Liste der Benutzer mit der Erlaubnis SCCS-Dateien anzulegen, angefügt wird. Wird eine Gruppen-ID angegeben, so sind darin alle Mitglieder der Gruppe enthalten. Mehrere '-a'-Optionen dürfen in einem admin-Kommando angegeben werden. Ist die Benutzerliste leer, kann jeder Benutzer Deltas anfügen.

-e*Name* Login-Name oder Gruppen-ID der bzw. die aus der Benutzerliste gelöscht werden soll. Um eine gesamte Benutzergruppe aus der Benutzerliste zu löschen, kann man die Gruppen-ID bzw. die Login-Namen aller Gruppenmitglieder angeben. Die '-e'-Option können Sie mehrfach in einem admin-Kommando angeben.

-y[*Kommentar*] Der angegebene Kommentar wird in der SCCS-Datei für das erste Delta abgelegt. Die Einfügung erfolgt in der vom delta-Kommando bekannten Weise. Geben Sie diese Option nicht an, wird eine Standardkommentarzeile folgenden Formats eingefügt:

date and time created JJ/MM/TT HH:MM:SS by <Login-Name>

Die Ausgabe der '-y'-Option ist nur in Verbindung mit der '-i' und/oder '-n'-Option möglich (anlegen einer SCCS-Datei).

-m[*MR-Liste*] Die angegebene Liste der Modification Request (*MR*) Nummern wird in die SCCS-Datei eingefügt. Das 'v'-Flag muß gesetzt sein und die *MR*-Nummern werden bestätigt wenn das 'v'-*Flag* einen Inhalt hat (den Namen des *MR*-Nummern-Inkraftsetzungsprogramms). Fehlermeldungen erfolgen, wenn Sie das 'v'-Flag nicht gesetzt haben oder die *MR*-Inkraftsetzung fehlschlägt.

-h Veranlaßt admin zur Prüfung der SCCS-Datei. Die Prüfung erfolgt durch den Vergleich einer neu errechneten Prüfsumme (die Summe aller Zeichen der SCCS-Datei außer die der ersten Zeile) mit der Prüfsumme, die in der ersten Zeile der SCCS-Datei abgelegt ist. Es werden entsprechende Meldungen ausgegeben.

Diese Option bewirkt einen Schreibschutz für die angegebene Datei und hebt die Wirkung aller nachfolgenden Optionen auf. Diese Option ist nur sinnvoll, wenn die zu bearbeitende Datei bereits angelegt ist.

-z Die SCCS-Datei-Prüfsumme wird neu berechnet und in der SCCS-Datei in der ersten Zeile abgestellt (siehe -b).

DATEIEN:

Die letzte Komponente aller SCCS-Dateinamen muß die Form s.*Dateiname* haben. Neue SCCS-Dateien bekommen den Modus 444 (r--r--r--). Um eine Datei anlegen zu können, muß der Benutzer natürlich Schreiberlaubnis in dem entsprechenden Verzeichnis haben. Admin führt alle Schreibvorgänge in einer temporären Datei, der X-Datei, aus (X.Dateiname siehe get). Die X-Datei wird mit dem Modus 444 angelegt, wenn admin eine neue SCCS-Datei anlegt. Ist die entsprechende SCCS-Datei bereits vorhanden, wird die X-Datei mit dem gleichen Modus angelegt. Nach erfolgreicher Ausführung von admin wird die SCCS-Datei (falls sie angelegt ist) gelöscht und die X-Datei mit dem Namen der SCCS-Datei versehen. Diese Vorgehensweise gewährleistet, daß SCCS-Dateien nur bei fehlerfreiem Durchlauf geändert werden.

Verzeichnisse, die SCCS-Dateien enthalten, sollten den Modus 755 (rwxr-xr-x), SCCS-Dateien selbst den Modus 444 erhalten. Durch diese Zugriffsrechte kann nur der Besitzer des Verzeichnisses Änderungen vornehmen; SCCS-Dateien können nur durch SCCS-Kommandos geändert werden.

Ist es aus irgend einem Grund erforderlich auf eine SCCS-Datei schreibend zuzugreifen, sollten Sie den Erlaubnisstatus auf 644 (rw-r--r--) setzen, so daß Sie Änderungen der Datei mit Hilfe des Standard-Editors ed vornehmen können.

Bei einer Änderung sollten Sie vorsichtig vorgehen. Mit dem admin -h-Kommando können Sie prüfen, ob eine Datei fehlerhaft ist. Haben Sie die Korrektur beendet, muß ein 'admin -z'-Kommando abgesetzt werden, damit die Prüfsumme neu berechnet wird und die SCCS-Datei wieder als fehlerfrei gilt. Um die Richtigkeit zu prüfen, sollten Sie anschließend noch ein 'admin -h'-Kommando absetzen.

Admin benutzt temporäre Lock-Dateien (Z.*Dateiname*), um gleichzeitige Änderungen von SCCS-Dateien durch verschiedene Benutzer auszuschließen. Weitere Informationen sind der Beschreibung des get-Kommandos zu entnehmen.

cdc – Ändern des Delta-Kommentars eines SCCS-Delta

SYNTAX:

cdc -r*SID* [-m[*MR-Liste*]] [-y[*Kommentar*]] *Datei* ...

BESCHREIBUNG:

Cdc ändert den Delta-Kommentar für die durch '-r' spezifizierten *SID* jeder angegebenen SCCS-Datei.

Delta-Kommentar ist als Modifikationsanforderung (modification request=MR) und Kommentarinformation definiert, die normalerweise über das delta-Kommando angegeben wird ('-m' und '-y'-Optionen).

Geben Sie ein Verzeichnis an, hat dies die gleiche Wirkung, als ob jede Datei im Verzeichnis angegeben wäre. Nicht-SCCS-Dateien und nicht lesbare Dateien werden jedoch ignoriert. Ist '-' als Dateiname angegeben, liest cdc die Standardeingabe. Jede Zeile der Standardeingabe wird als Name einer zu verarbeitenden SCCS-Datei interpretiert.

Die Argumente können in beliebiger Reihenfolge erscheinen und bestehen aus Optionen und Dateinamen.

Alle beschriebenen Optionsargumente werden separat auf jede angeführte Datei angewendet.

Optionen:

-r*SID* wird benutzt, um die SCCS Identifikationszeichenkette (SID) für ein Delta anzugeben, bei dem der Delta-Kommentar geändert werden soll.

-m[*MR-Liste*] Ist bei der SCCS-Datei die 'v'-Option gesetzt, können Sie eine Liste von MR-Nummern angeben, die im Delta-Kommentar des durch die '-r'-Option spezifizierten *SID* geliefert werden. Eine leere MR-Liste hat keine Wirkung.

MR-Einträge werden der MR-Liste auf die gleiche Weise hinzugefügt wie beim delta-Befehl. Um ein MR zu löschen, muß der MR-Nummer ein Ausrufungszeichen vorangestellt sein (s. Beispiele). Ist der zu löschende MR momentan in der MR-Liste enthalten, wird er entfernt und in eine Kommentarzeile verwandelt. Eine Liste aller gelöschten MRs wird in den Kommentarbereich der Delta-Dokumentation gestellt und mit einer Kommentarzeile versehen, die angibt, daß sie gelöscht wurden.

Ist '-m' nicht angegeben und die Standardeingabe ist das Terminal, wird der Text 'MRs?' auf dem Bildschirm ausgegeben, bevor die Eingabe gelesen wird. Ist das Eingabemedium nicht die Standardeingabe, wird kein Text angezeigt.

Der Text 'MRs?' geht immer der Ausgabe 'comments?' voraus (siehe '-y'-Option).

MRs in einer Liste werden durch Blanks und/oder Tabulatorzeichen getrennt. Die Liste wird durch das Zeilenende abgeschlossen.

Ist das 'v'-Flag gesetzt (s. admin), wird dieser als Name eines Programms (oder einer Shell-Prozedur) genommen, das die Korrektheit der MR-Nummern überprüft. Liefert dieses Programm einen Rückgabe-Code ungleich 0, wird cdc beendet und der Delta-Kommentar bleibt unverändert.

-y[*Kommentar*] Ein beliebiger Text wird benutzt, um die Kommentare zu ersetzen, die schon für das mit der '-r'-Option spezifizierte Delta existieren. Die vorherigen Kommentare werden beibehalten und von einer Kommentarzeile angeführt, die besagt, daß sie geändert wurden. Ein leerer Kommentar wird ignoriert.

Haben Sie '-y' nicht angegeben und die Standardeingabe ist angesprochen, wird der Text 'comments?' auf dem Bildschirm ausgegeben, bevor die Eingabe gelesen wird. Der Kommentartext wird durch ein Zeilenende-Zeichen beendet.

Einfach ausgedrückt können Sie den Delta-Kommentar ändern, wenn Sie

(1) das Delta selbst erzeugt haben oder
(2) Besitzer der Datei bzw. des Verzeichnisses sind.

BEISPIELE:

cdc -r1.6 -m"bl78-12345 !bl77-54321 bl79-00001" -yFehler s.*Datei*

fügt bl78-12345 und bl79-00001 in die MR-Liste ein, entfernt bl77-54321 aus der MR-Liste und integriert den Kommentar „Fehler" in Delta 1.6 von s.*Datei*.

cdc -r1.6 s.*Datei*
MRs? !bl77-54321 bl78-12345 bl79-00001
comments? Fehler

hat die gleiche Wirkung.

comb – Zusammenfassung von SCCS-Deltas

SYNTAX:

comb [-o] [-s] [-p*SID*] [-c*Liste*] *Datei* ...

BESCHREIBUNG:

Comb erzeugt eine Shell-Prozedur, die in der Lage ist, die angegebenen SCCS-Dateien wiederherzustellen. Die rekonstruierten Dateien werden i. a. kleiner als die Originaldateien.

Die Argumente können in beliebiger Reihenfolge angegeben werden, aber alle Optionen werden auf **alle** angegebenen SCCS-Dateien angewendet. Geben Sie ein Verzeichnis an, tut comb so, als ob jede Datei im Verzeichnis namentlich genannt wäre. Nicht-SCCS-Dateien (letzte Komponente des Pfadnamens beginnt nicht mit s.) sowie nicht lesbare Dateien werden jedoch ignoriert. Geben Sie '-' statt eines Dateinamens an, wird aus der Standardeingabe gelesen; jede Zeile der Standardeingabe wird als Name einer zu verarbeitenden SCCS-Datei betrachtet.

Die erzeugte Shell-Prozedur wird in die Standardausgabe geschrieben.

Die folgenden Optionen werden so beschrieben, als ob nur **eine** aufgeführte Datei bearbeitet werden soll; die Wirkungen jedes Optionsarguments betrifft jedoch jede einzelne Datei.

-p*SID* Die SCCS-Identifikationszeichenkette des ältesten Deltas, das aufbewahrt werden soll. Alle noch älteren Dateien werden in der rekonstruierten Datei gelöscht.

-c*Liste* Eine Liste von Deltas, die erhalten bleiben sollen (s. get bzgl. der Syntax einer Liste). Alle anderen Deltas werden gelöscht.

-o Für jedes erzeugte 'get -e' bewirkt diese Option, daß auf die rekonstruierte Datei in der Version des zu erzeugenden Deltas zugegriffen wird. Sonst würde auf die rekonstruierte Datei in der Version des jüngsten Vorgängers zugegriffen. Die Verwendung von '-o' kann die Größe der rekonstruierten SCCS-Datei vermindern. Sie kann auch die Form des Deltabaums der Originaldateien verändern.

-s Dieses Argument bewirkt die Erzeugung einer Shell- Prozedur. Diese gibt eine Übersicht aus, die für jede Datei folgende Informationen enthält: Dateiname, -größe (in Blöcken) nach der Zusammenfassung, Originalgröße (ebenfalls in Blöcken) und die prozentuale Veränderung, berechnet aus

100*(Originalgröße-komb.Größe)/Originalgröße

Sie sollten diese Option verwenden, um genau zu bestimmen, wieviel Platz durch den Vorgang eingespart werden kann, bevor Sie tatsächlich zusammenfassen.

Geben Sie keine Schlüsselargumente an, behält comb nur die Delta- Blattelemente und die Mindestzahl von Vorgängern bei, die benötigt werden, um den Baum zu erhalten.

delta – Einbringung eines Deltas (Veränderung) in SCCS-Dateien

SYNTAX:

delta [-r*SID*] [-s] [-n] [-g*Liste*] [-m[*MR-Liste*]]
[-y[*Kommentar*]] [-*p*] *Datei* ...

BESCHREIBUNG:

Delta fügt in die genannte SCCS-Datei die Änderungen ein, die in Dateien, die von get bearbeitet wurden (g-Dateien oder generierte Dateien), enthalten sind.

Es wird ein Delta für jede genannte SCCS-Datei erzeugt. Geben Sie ein Verzeichnis an, verhält delta sich so, als ob jede in dem Verzeichnis enthaltene Datei spezifiziert worden sei. Ignoriert werden lediglich nicht lesbare Dateien sowie Dateien, deren Namen nicht mit s. (keine SCCS-Dateien) beginnen. Wird '-' als Dateiname angegeben, liest delta die Standardeingabe; jede Eingabezeile wird dann als Name einer SCCS-Datei interpretiert.

In einigen Fällen erscheinen nach dem Aufruf von delta Zeichen (Prompts) auf dem Bildschirm. Dies hängt von bestimmten Optionen ab, die in SCCS-Dateien enthalten sind.

Optionen werden unabhängig von der Reihenfolge ihrer Angabe auf jede spezifizierte Datei angewendet.

-r*SID* Stellt ausschließlich fest, welches Delta für die SCCS-Datei erzeugt werden soll. Der Einsatz dieser Option ist nur nötig, wenn zwei oder mehr ausstehende gets (get -e) eines Benutzers (Login-Name) auf die gleiche SCCS-Datei vorhanden sind. Der SID-Wert ist entweder der angegebene Wert in der get-Kommandozeile oder die Versionsnummer, die von get zurückgegeben wird. Fehler treten auf, wenn die angegebene Versionsnummer mehrdeutig ist oder wenn sie in der Kommando-Zeile angegeben werden muß, aber dort fehlt.

-s Unterdrückt die Anzeige der angelegten Versionsnummer sowie der Anzahl der eingefügten, gelöschten und unveränderten Zeilen in der SCCS-Datei.

-n Die editierte g-Datei bleibt erhalten und wird nicht – wie im Normalfall – nach Ausführung von delta gelöscht.

g*Liste* Anlegen einer Liste (siehe auch den get-Befehl bzgl. der Listen-Definition) der Deltas, die ignoriert werden sollen, wenn auf die Datei mit der SCCS-Identifikationsnummer, die von diesem Befehl angelegt wurde, zugegriffen wird.

-m[*MR-Liste*] Ist in der SCCS-Datei eine v-Option enthalten, müssen Sie eine MR-Nummer (modification request) angegeben, um das neue Delta zu kreieren.
Geben Sie die '-m'-Option nicht an und delta liest aus der Standardeingabe, wird 'MRs?' am Bildschirm angezeigt, bevor die Eingabe gelesen wird. Die Frage 'MRs?' geht immer der Frage nach 'comments?' (Kommentar) voraus (siehe '-y'-Option).

Eine Liste von MRs wird durch Leerzeichen oder Tabulatoren getrennt. Durch '\' am Ende einer Zeile wird die Auflistung in der nächsten Zeile fortgeführt. <CR> beendet die Liste. Es ist zu beachten, daß der Wert der Option v als Name eines Programmes oder einer Shell-Prozedur interpretiert wird, welche die Richtigkeit der MR-Nummern prüft. Gibt dieses Programm einen Code ungleich 0 zurück, wird delta mit der Annahme beendet, daß nicht alle MR-Nummern gültig sind.

-y*Kommentar* Ein beliebiger Text, der die Gründe für ein Delta beschreibt. Eine leere Zeichenkette wird als gültiger Kommentar akzeptiert.

Geben Sie die '-y'-Option nicht an und delta liest aus der Standardeingabe, wird die Frage 'comments?' am Bildschirm ausgegeben, bevor die Eingabe gelesen wird. Das Zeilenende beendet den kommentierenden Text.

-p Anzeige der Unterschiede in der SCCS-Datei – im Format der diff-Ausgabe – bevor und nachdem delta ausgeführt wurde.

DATEIEN:

g-Datei Die Datei bestand bereits vor der Ausführung von delta. Nach beendigter Ausführung wird sie gelöscht.

p-Datei Die Datei bestand bereits vor der Ausführung von delta. Sie kann nach beendigter Ausführung weiterbestehen.

q-Datei Die Datei wird während der Ausführung von delta angelegt. Nach der Ausführung wird sie gelöscht.

x-Datei Die Datei wird während der Ausführung von delta angelegt. Nach beendigter Ausführung wird sie in eine SCCS-Datei umbenannt.

z-Datei Die Datei wird während der Ausführung von delta angelegt und gelöscht.

d-Datei Die Datei wird während der Ausführung von delta angelegt und nach beendigter Ausführung gelöscht.

HINWEISE:

Zeilen, die mit dem ASCII-Zeichen SOH beginnen, können nicht in einer SCCS-Datei untergebracht werden. Das Zeichen hat für SCCS eine spezielle Bedeutung, daher muß ein Backslash vorangestellt werden.

Ein get auf mehrere SCCS-Dateien, gefolgt von einem delta auf die gleichen Dateien sollte vermieden werden, wenn get eine größere Menge von Daten zu generieren hat. Stattdessen sollten mehrere get/delta Sequenzen benutzt werden.

Wird beim Aufruf von delta die Standardeingabe '-' angegeben, müssen die Optionen '-m' und '-y' ebenfalls benutzt werden. Das Weglassen dieser Optionen begründet Fehler.

get – Erzeugen von Versionen einer SCCS-Datei

SYNTAX:

get [-r*SID*] [-c*Abschnitt*] [-i*Liste*] [-x*Liste*] [-a*Sequ.Nr.*] [-k] [-e] [-l[p]] [-p] [-m] [-n] [-s] [-b] [-g] [-t] *Datei* ...

BESCHREIBUNG:

Get erzeugt eine ASCII-Textdatei – in Übereinstimmung mit den angegebenen Optionen – aus jeder aufgeführten SCCS-Datei. Die Argumente können in beliebiger Reihenfolge angegeben werden, aber **alle** Optionsargumente beziehen sich auf jede der angeführten SCCS-Dateien.
Geben Sie ein Verzeichnis an, werden alle darin enthaltenen Dateien bearbeitet; Nicht-SCCS-Dateien (die letzte Komponente des Pfadnamens beginnt nicht mit s.) und nicht lesbare Dateien werden jedoch übergangen. Ist der angegebene Dateiname '-', wird aus der Standardeingabe gelesen. Jede Eingabezeile wird dann als Name einer zu verarbeitenden SCCS-Datei genommen. Auch hier gelten die gleichen Regeln wie oben.

Der erzeugte Text wird normalerweise in eine g-*Datei* geschrieben. Deren Name wird aus dem SCCS-Dateinamen einfach durch Entfernen des führenden 's.' gebildet.

Jede der nachfolgenden Optionen ist so erklärt, als ob nur **eine** SCCS-Datei verarbeitet werden soll, aber die Wirkung eines jeden beliebigen Arguments bezieht sich auf alle angegebenen Dateien.

-r*SID* Die SCCS-Identifikation der Deltaversion einer SCCS-Datei, die aufgefunden werden soll. Tabelle 1 zeigt für die meisten Fälle, welche Version einer SCCS-Datei als Ergebnis des angegebenen *SID* wiedergefunden wird (wie auch den *SID* der Version, die dann schließlich von delta erzeugt wird, wenn Sie die '-e'-Option ebenfalls angegeben haben).

-c*Abschnitt* Datum-Zeit-Angabe, in der Form

JJ[*MM*[*TT*[*HH*[*MM*[*SS*]]]]]

Die Veränderungen (Deltas) an der SCCS-Datei, die nach dem angegebenen *Abschnitt* erzeugt wurden, werden nicht in der generierten ASCII-Textdatei aufgenommen. Zeiteinheiten, die bei der Datum-Zeit-Angabe ausgelassen werden, erhalten standardmäßig ihre größtmöglichen Werte. Z. B. ist '-c8402' gleichwertig mit '-c840229235959'. Eine beliebige Anzahl von nicht-numerischen Zeichen kann die verschiedenen Ziffernpaare der Datum-Zeit-Angabe untereinander trennen. Diese Möglichkeit läßt eine cutoff-Angabe in der Form '-c84/2/2 9:22:25' zu. Das bedeutet, daß Sie die '%E%' und '%U%'-Schlüsselwörter (s. unten) für geschachtelte get-Befehle benutzen können, z. B. als Eingabe für ein send-Kommando:

~!get "-c%E% %U%" s.*Datei*

-e Anweisung, daß get zum Editieren oder Ändern (Herstellen eines Delta) der SCCS-Datei über einen anschließenden Aufruf von delta bestimmt ist.
Die '-e'-Option, die bei einem Aufruf von get für eine bestimmte Version (SID) benutzt wird verhindert, daß kein weiteres get zum Editieren abgesetzt wird, bis delta ausgeführt oder der j-Schalter in der SCCS-Datei gesetzt ist (s. admin). Gleichzeitiges Benutzen von 'get -e' für verschiedene SIDs ist jederzeit zulässig.

Wird die g-Datei, die von 'get -e' erzeugt wurde, beim Editierprozeß zufällig zerstört, können Sie sie durch den Aufruf von 'get -k' rekonstruieren.

Der SCCS-Dateischutz, der in der SCCS-Datei über den „floor" (niedrigste Version), das „ceiling" (höchste Version) und die Liste der autorisierten Benutzer angegeben wird, tritt in Kraft, wenn Sie die '-e'-Option benutzen.

-b Diese Option wird – kombiniert mit '-e' – benutzt, um zu veranlassen, daß das neue Delta eine SID in einem neuen Zweig bekommt, wie in Tabelle 1 dargestellt. Diese Option wird ignoriert, wenn kein b-Schalter in der SCCS-Datei gesetzt ist (s. admin) oder wenn das aufgefundene Delta kein Blattelement des Baumes ist (ein Blattelement hat keinen Nachfolger im Baum).

-i*Liste* Liste von Deltas, die bei der Erzeugung der SCCS-Datei mit eingeschlossen werden sollen. *Liste* hat die folgende Form:

Liste ::= *Bereich* | *Liste* , *Bereich*
Bereich ::= *SID* | *SID* - *SID*

Die SCCS-Identifikationszeichenkette SID kann in der Form sein, wie sie in der Spalte „SID-Spezifikation" in Tabelle 1 angegeben ist. Teil-SIDs werden so interpretiert, wie in der Spalte „Gefundener SID" in Tabelle 1 dargestellt.

-x*Liste* Liste von Deltas, die bei der Erzeugung der SCCS-Datei nicht berücksichtigt werden sollen (s. '-i'-Option bzgl. des Listenformats).

-k Unterdrückt im gefundenen Text die Ersetzung von Identifikationsschlüsselworten (s. unten) durch ihren Wert. Diese Option wird durch '-e' impliziert.

-l[p] Durch Eingabe von '-l' veranlassen Sie die Ausgabe einer Delta-Zusammenfassung in die Datei l-*Datei*. Geben Sie '-lp' an, wird l-*Datei* nicht erzeugt; die Ausgabe der Delta-Zusammenfassung erfolgt dann auf der Standardausgabe.

-p Der Text aus der SCCS-Datei wird in die Standardausgabe geschrieben. Eine g-*Datei* wird nicht kreiert. Die gesamte Ausgabe von get, die normalerweise auf der Standardausgabe erfolgt, wird in die Standardfehlerausgabe umgeleitet. Benutzen Sie die '-s'-Option, wird die Ausgabe unterdrückt.

-s Unterdrückt den normalerweise in die Standardausgabe geschriebenen Text. Fehlermeldungen bleiben davon unberührt, da sie immer in die Standardfehlerausgabe gehen.

-m Jeder Textzeile, die aus der SCCS-Datei geholt wird, wird die SID desjenigen Deltas vorangestellt, welches die Textzeile der SCCS-Datei als letztes beeinflußt hat. Das Format lautet: SID, gefolgt von einem Tabulatorzeichen, dem eine Textzeile folgt.

-n Jeder erzeugten Textzeile wird das '%M%'-Identifikations-Schlüsselwort vorangestellt (s. unten). Das Format lautet: '%M%'-Wert, gefolgt von einem Tabulatorzeichen, dem eine Textzeile folgt. Geben Sie sowohl die '-m' als auch die '-n'-Option an, lautet das Format: '%M%'-Wert, gefolgt von einem Tabulatorzeichen, gefolgt von dem durch die '-m'-Option erzeugten Format.

-g Es wird keine Datei erstellt, sondern die SID der letzten Stammversion ermittelt. Diese Option sollten Sie benutzen, um eine l-*Datei* zu erzeugen oder um das Vorhandensein einer bestimmten SID zu überprüfen.

-t Zugriff auf das zuletzt erzeugte Delta (top) in einer bestimmten Version (z. B. -r1) oder Version und Stufe (z. B. -r1.2) zu.

-a*Sequ.Nr.* Delta-Sequenz-Nummer desjenigen Delta, das aufgesucht werden soll. Diese Option wird vom comb-Befehl benutzt; sie sollte vom Benutzer nicht aufgerufen werden. Geben Sie sowohl die '-r'- als auch die '-a'-Option an, wird '-a' angenommen. Bei der Verwendung von '-a' zusammen mit '-e' ist Vorsicht geboten, da der SID des zu erzeugenden Delta u. U. nicht den Erwartungen entspricht. Die '-r'-Option kann mit '-a' und '-e' kombiniert werden, um die Benennung des SID des zu erzeugenden Deltas zu steuern.

Nach jeder verarbeiteten Datei gibt get die SID, auf die zugegriffen wurde, sowie die Anzahl Zeilen, die aus der SCCS-Datei geholt wurden, auf der Standardausgabe aus.

Verwenden Sie die '-e'-Option, so erscheint die SID des zu erzeugenden Deltas hinter der SID, auf die zugegriffen wird und vor der Anzahl der ausgegebenen Zeilen. Geben Sie mehr als eine Datei, ein Verzeichnis oder die Standardeingabe an, wird jeder Dateiname vor der Verarbeitung auf einer separaten Zeile aufgelistet. Bei Verwendung der '-i'-Option werden die einzuschließenden Deltas nach der Meldung 'Included:' aufgelistet; ist die '-x'-Option angegeben, so werden die auszuschließenden Deltas nach der Meldung 'Excluded:' angezeigt.

Tabelle 1 – Bestimmung des SID

SID Spezifik.	'-b'-Option benutzt****	sonstige Bedingungen	Gefundener SID	SID des zu erzeug. Deltas
keine*****	nein	R standardm.mR	mR.mL	mR.(mL1)
keine*****	ja	R standardm. mR	mR.mL	mR.mL.(mB1).1
R	nein	R > mR	mR.mL	R.1 ***
R	nein	R = mR	mR.mL	mR.(mL1)
R	ja	R > mR	mR.mL	mR.mL.(mB1).1
R	ja	R = mR	mR.mL	mR.mL.(mB1).1
R	-	R < mR und R existiert nicht	hR.mL **	hR.mL.(mB1).1
R	-	Stammnachfolger in Version > R und R existiert	R.mL	R.mL.(mB1).1
R.L	nein	kein Stammnachf.	R.L	R.(L1)
R.L	ja	kein Stammnachf.	R.L	R.L.(mB1).1
R.L	-	Stammnachf. inR.L Version >= R	R.L.(mB1).1	
R.L.B	nein	kein Stammnachf.	R.L.B.mS	R.L.B.(mS1)
R.L.B	ja	kein Stammnachf.	R.L.B.mS	R.L.(mB1).1
R.L.B.S	nein	kein Stammnachf.	R.L.B.S	R.L.B.(S1)
R.L.B.S	ja	kein Stammnachf.	R.L.B.S	R.L.(mB1).1
R.L.B.S	-	Stammnachfolger	R.L.B.S	R.L.(mB1).1

* R, L, B und S sind die Komponenten Release (Version), Level (Stufe), Branch (Zweig) und Sequence (Sequenz) der SID.
Das kleine m steht für Maximum. So bedeutet etwa R.mL die maximale Stufennummer innerhalb der Version R; R.L.(mB1).1 bezeichnet die erste Sequenznummer des neuen Zweiges (d. h. maximale Zweignummer plus eins) der Stufe L innerhalb von Version R. Es ist zu beachten, daß jede der spezifizierten Komponenten existieren muß, wenn die SID die Form R.L, R.L.B oder R.L.S.B hat.

** hR bezeichnet die höchste existierende Version, die niedriger ist als die angegebene **nichtexistierende** Version R.

*** Erzwingt die Generierung des ersten Deltas in einer neuen Version.

**** Die '-b'-Option ist nur wirksam, wenn der 'b'-Schalter in der Datei gesetzt ist. '-' bedeutet „irrelevant".

***** Trifft zu, wenn der 'd'-Schalter (Standard-SID) in der Datei **nicht** gesetzt ist. Ist er gesetzt, so wird die aus der 'd'-Angabe gewonnene SID so behandelt, als wäre sie auf der Kommando-Zeile spezifiziert. Dann trifft ein anderer Fall dieser Tabelle zu.

Identifikations-Schlüsselwörter

Identifizierende Informationen werden in den aus der SCCS-Datei geholten Text integriert, indem die ID-Schlüsselwörter – wo immer sie vorkommen – durch ihren Wert ersetzt werden.

Die folgenden Schlüsselwörter können Sie im SCCS-Dateitext verwenden:

Schlüsselwort	**Bedeutung**
%M%	Modulname: entweder der Wert des 'm'-Schalters in der Datei oder – falls dieser nicht vorhanden ist – der Name der SCCS-Datei ohne führendes 's.'.
%I%	SCCS-Identifikationszeichenkette (SID = %R%.%L%.%B%.%S%) des aufgefundenen Textes.
%R%	Version (Release).
%L%	Stufe (Level).
%B%	Zweig (Branch).
%S%	Sequenz.
%D%	Aktuelles Datum (Format: JJ/MM/TT).
%H%	Aktuelles Datum (Format: MM/TT/JJ).
%T%	Uhrzeit (Format: HH:MM:SS).
%E%	Datum, an dem das neueste Delta erzeugt wurde (Format: JJ/MM/TT).
%G%	Datum, an dem das neueste Delta erzeugt wurde (Format: MM/TT/JJ).
%U%	Uhrzeit, zu der das neueste Delta erzeugt wurde (Format: HH:MM:SS).
%Y%	Modultyp: Wert des 't'-Schalters in der SCCS-Datei (s. admin).
%F%	SCCS-Dateiname.
%P%	Vollständiger SCCS-Dateiname.
%Q%	Wert des 'q'-Schalters (s. admin).
%C%	Laufende Zeilennummer. Dieses Schlüsselwort ist dafür bestimmt, um vom Programm ausgegebene Meldungen zu identifizieren. Es ist **nicht** dazu bestimmt, auf jeder Zeile als Sequenznummer zu erscheinen.
%Z%	Zeichenkette der Länge 4, die von what erkannt wird.
%W%	Abkürzende Schreibweise, um what-Zeichenketten für UNIX-Programmdateien zu erzeugen. Format: %W% = %Z%%M% Tabulatorzeichen %I%
%A%	Abkürzende Schreibweise, um what-Zeichenketten für Nicht-UNIX-Programmdateien zu erzeugen. Format: %A% = %Z%%Y% %M% %I%%Z%

DATEIEN:

Verschiedene Hilfsdateien können von get erzeugt werden. Diese sind allgemein als g-*Datei*, l-*Datei*, p-*Datei* und z-*Datei* bekannt. Der Buchstabe vor dem Bindestrich wird Kennzeichen genannt. Der Name der Hilfsdatei wird aus dem SCCS-Dateinamen gebildet: Die letzte Komponente aller SCCS-Dateinamen muß die Form 's.', gefolgt vom Modulnamen haben.
Die Hilfsdateinamen werden durch Ersetzen des führenden 's.' durch das Kennzeichen gebildet. g-*Datei* bildet hier eine Ausnahme: sie wird durch Entfernen des führenden 's.' mit dem SCCS-Dateinamen benannt. Beispielsweise heißen bei einem Dateinamen s.xyz.c die Namen der Hilfsdateien xyz.c, l.xyz.c, p.xyz.c und z.xyz.c.

Die g-*Datei*, die den erzeugten Text enthält, wird im aktuellen Verzeichnis eingetragen (es sei denn, daß Sie die '-p'-Option benutzt haben). g-*Datei* wird in jedem Fall erzeugt, egal ob Textzeilen von get generiert wurden oder nicht. Der tatsächliche Benutzer ist auch der Eigentümer der Datei. Geben Sie die '-k'-Option an, oder wird sie implizit gesetzt, ist der Zugriffsmodus 644 (rw-r--r--), falls er nicht auf 444 (r--r--r--) gesetzt wird. Nur der tatsächliche Benutzer braucht Schreiberlaubnis im aktuellen Verzeichnis.

Die l-*Datei* enthält eine Tabelle, die anzeigt, welche Deltas beim Erzeugen des wiedergewonnenen Textes benutzt wurden. Die 'l-Datei' wird im aktuellen Verzeichnis angelegt, wenn Sie die '-l'-Option benutzen. Ihr Modus ist 444 (r--r--r--) und der tatsächliche Benutzer ist auch ihr Eigentümer. Nur er braucht Schreiberlaubnis im aktuellen Verzeichnis.

Zeilen in einer l-*Datei* haben das folgende Format:

a. ein Leerzeichen (Blank), wenn das Delta mit eingeschlossen wurde. '*' in allen anderen Fällen.

b. ein Leerzeichen (Blank), wenn das Delta eingeschlossen oder wenn es ausgeschlossen und ignoriert wurde. '*', wenn es nicht benutzt und nicht ignoriert wurde.

c. Code, der anzeigt, warum das Delta benutzt wurde oder nicht:
'I': eingeschlossen (Included)
'X': ausgeschlossen (Excluded)
'C': abgeschnitten (cut off, '-c'-Option).

d. Leerzeichen.

e. SID.

f. Tabulatorzeichen.

g. Datum und Uhrzeit der Erzeugung (Format: JJ/MM/TT HH:MM:SS).

h. Leerzeichen.

i. Login-Name des Benutzers, der das Delta erzeugt hat.

Die Kommentare und MR-Daten folgen – um eine Tabulatorposition eingerückt – auf den nächsten Zeilen. Eine Leerzeile beendet jeden Eintrag.

p-*Datei* wird benutzt, um die aus einem get -e stammenden Informationen an das delta-Kommando zu übergeben. Ihr Inhalt wird auch dazu benutzt, um die nachfolgende Ausführung von get -e für denselben SID solange zu verhindern, bis delta ausgeführt ist oder der j-Schalter (s. admin) in der SCCS-Datei gesetzt ist.
p-*Datei* wird in dem Verzeichnis erzeugt, das die SCCS-Datei enthält; der momentane Benutzer muß in diesem Verzeichnis Schreiberlaubnis haben. Der Zugriffsmodus von p-*Datei* ist 644 (rw-r--r--). Der momentane Benutzer ist auch gleichzeitig der Besitzer. Das Format von p-*Datei* ist:

- Erzeugte SID.
- SID, die das neue Delta nach der Erzeugung hat.
- Login-Name des tatsächlichen Benutzers.
- Datum und Uhrzeit, zu der get ausgeführt wurde.
- Optionsargument '-i', falls vorhanden.
- Optionsargument '-x', falls vorhanden.

Die p-*Datei* kann jederzeit eine beliebige Anzahl von Zeilen enthalten; jedoch kann nur eine Zeile dieselbe SID für das neue Delta enthalten.

Die z-*Datei* dient als Ausschlußmechanismus gegen gleichzeitige Veränderungen. Sie enthält die zwei Bytes lange Prozeßnummer des Kommandos, das den Prozeß erzeugte.
z-*Datei* wird in dem Verzeichnis erzeugt, das die SCCS-Datei während der Dauer von get enthält. Dieselben Schutzmechanismen wie für die p-*Datei* treffen auch für die z-*Datei* zu. Sie wird mit dem Zugriffsmodus 644 (rw-r--r--) erzeugt.

prs – Ausdrucken von SCCS-Dateien

SYNTAX:

prs [-d[*Datenspezifikation*]] [-r[*SID*]] [-e] [-l] -c[*Datum-Zeit*] [-a] *Datei* ...

BESCHREIBUNG:

Prs gibt auf der Standardausgabe eine SCCS-Datei teilweise oder als Ganzes in dem von Ihnen angegebenen Format aus. Spezifizieren Sie ein Verzeichnis, verhält sich prs so, als ob jede Datei dieses Verzeichnis aufgeführt wäre. Nicht-SCCS-Dateien und nicht lesbare Dateien werden stillschweigend übergangen.

Argumente können in beliebiger Reihenfolge angegeben werden und bestehen aus Optionen und Dateinamen.

Alle Optionen wirken unabhängig voneinander auf jede genannte Datei:

-d[*Datenspezifikation*] Spezifizierung der Ausgabedaten. Die Datenspezifikation ist eine Zeichenkette, die aus SCCS-Datenschlüsselwörtern, gemischt mit zusätzlichem Benutzertext, besteht.

-r[*SID*] Angabe der SCCS-Identifikation (SID) desjenigen Deltas, über das Informationen gewünscht werden. Geben Sie keine SID an, wird die SID des zuletzt erzeugten Deltas benutzt.

-e Informationen über alle Deltas, die früher als das durch die '-r'-Option bezeichnete Delta erzeugt wurden (dieses ist jedoch eingeschlossen).

-l Informationen über alle Deltas, die später als das durch die '-r'-Option bezeichnete Delta erzeugt wurden (dieses ist jedoch eingeschlossen).

-c[*Datum-Zeit*] Angabe der Teile des Systemdatum, die unterdrückt werden sollen.

-a Informationen über gelöschte (Deltatyp=R, s. rmdel) und existierende (Deltatyp=D) Deltas. Geben Sie '-a' nicht an, werden nur Informationen über existierende Deltas geliefert.

Datenschlüsselworte:

Sie spezifizieren, welche Teile einer SCCS-Datei gesucht und ausgegeben werden sollen. Alle Teile einer SCCS-Datei haben ein ihnen zugeordnetes Schlüsselwort. Die Häufigkeit, mit der ein Schlüsselwort auftreten kann, ist nicht begrenzt.

Die von prs gedruckten Informationen bestehen aus:

1. dem vom Benutzer angegebenen Text,
2. den aus der SCCS-Datei entnommenen, für die erkannten Datenschlüsselworte eingesetzten Werte in der Reihenfolge ihres Auftretens in der Datenspezifikation.

Das Format eines Schlüsselwortwertes ist entweder „simple" (S), bei dem die Ersetzung direkt erfolgt, oder „multi-line" (M), wobei die Ersetzung von einem Zeilenvorschub gefolgt wird.

Benutzertext ist jeglicher Text außer erkannten Datenschlüsselwörtern. Ein Tabulatorzeichen wird durch \t bezeichnet, ein Zeilenvorschub durch \n.

rmdel – Entfernen eines Deltas aus einer SCCS-Datei

SYNTAX:

rmdel -r*SID Datei* ...

BESCHREIBUNG:

Rmdel entfernt das durch die SID spezifizierte Delta aus jeder aufgeführten SCCS-Datei. Das zu entfernende Delta muß das jüngste Delta seines Zweiges oder des Stammes im Deltabaum sein. Zusätzlich darf das angegebene Delta nicht als Basis für Änderungen dienen, die durch ein 'get -e' eingeleitet, aber noch nicht mit delta eingebunden wurden. (Wenn eine p-*Datei* für die aufgeführte SCCS-Datei existiert, darf das spezifizierte Delta nicht in irgendeinem Eintrag der p-*Datei* erscheinen.)

Geben Sie ein Verzeichnis an, wird rmdel auf jede lesbare SCCS-Datei in diesem Verzeichnis angewendet.
Ist '-' als Dateiname angegeben, liest rmdel aus der Standardeingabe; jede Zeile der Standardeingabe wird als Name einer SCCS-Datei betrachtet.

Bei den benötigten Rechten zum Entfernen eines Deltas handelt es sich – einfach ausgedrückt – um folgende Fälle:

1. Wer ein Delta anlegen kann, kann es auch löschen und

2. Eigentümer von Datei und Verzeichnis kann ein Delta löschen.

sact – Anzeigen der Editieraktivitäten der aktuellen SCCS-Datei

SYNTAX:

sact *Datei* ...

BESCHREIBUNG:

Durch sact können Sie sich über die anstehenden Deltas einer SCCS-Datei informieren. Dies ist immer dann sinnvoll, wenn der Befehl get -e ausgeführt wurde, ohne daß anschließend delta aufgerufen wird.

Geben Sie bei diesem Befehl ein Verzeichnis an, so gilt er für jede in diesem Verzeichnis enthaltene Datei, ausgenommen Nicht-SCCS-Dateien und nicht lesbare Dateien.

Wurde als Eingabedatei '-' angegeben, liest das Programm die Standardeingabe. Jede Zeile wird dann als Name einer zu bearbeitenden SCCS-Datei interpretiert.

Für jede der genannten Dateien werden insgesamt fünf, durch Leerstellen voneinander getrennte Felder ausgegeben:

Feld 1 Dieses Feld spezifiziert die SID des aktuellen Deltas in der SCCS-Datei, die geändert werden soll, um ein neues Delta zu erzeugen.

Feld 2 Dieses Feld spezifiziert die SID des neu anzulegenden Deltas.

Feld 3 Dieses Feld enthält den Benutzernamen des Anwenders, der das Delta erzeugen will.

Feld 4 Dieses Feld enthält das Datum, an dem der Befehl 'get -e' ausgeführt wurde.

Feld 5 Dieses Feld enthält die Uhrzeit, an dem 'get -e' ausgeführt wurde.

sccsdiff – Vergleich zweier Versionen einer SCCS-Datei

SYNTAX:

sccsdiff -r*SID1* -r*SID2* [-p] [-s*n*] *Datei* ...

BESCHREIBUNG:

Mit sccsdiff können Sie die Unterschiede zwischen zwei Versionen einer SCCS-Datei ermitteln. Die Anzahl der angegebenen SCCS-Dateien ist beliebig groß, aber für jede Datei müssen Sie Argumente angeben.

-r*SID?* *SID?* spezifizieren die Deltas, die miteinander verglichen werden sollen. Die betreffenden Versionen werden in der angegebenen Reihenfolge automatisch an den Befehl bdiff übertragen.

-p Durch pr (print) erfolgt für jede der betreffenden Dateien die Ausgabe des Ergebnisses.

-s*n* *n* entspricht der Puffergröße der Datei, die bdiff an diff weitergibt (*n* = ganze Zahl). Dies ist dann von Nutzen, wenn diff aufgrund starker Systemauslastung nicht ausgeführt werden kann.

unget – Rückgängigmachen eines vorausgegangenen get-Befehls

SYNTAX:

unget [-r*SID*] [-s][-n] *Datei* ...

BESCHREIBUNG:

Mit unget können Sie das Ergebnis eines ausgeführten get-Befehls wieder aufheben.

Geben Sie bei diesem Befehl ein Verzeichnis an, so gilt er für jede in diesem Verzeichnis enthaltene Datei, ausgenommen Nicht-SCCS-Dateien und nicht lesbare Dateien.
Wenn Sie '-' als Datei angeben, liest das Programm die Standardeingabe. Jede Zeile wird dann als Name einer zu bearbeitenden SCCS-Datei interpretiert.

Aus einzelnen Buchstaben bestehende Kennungen werden für jede angegebene Datei als eigenständige Argumente verarbeitet.

-r*SID* Angabe des aufzuhebenden Deltas. Diese Kennung müssen Sie nur dann angeben, wenn ein oder zwei ausstehende get-Befehle auf dieselbe SCCS-Datei unter derselben Benutzerkennung (login-Name) erfolgt sind. Sie erhalten eine Fehlermeldung, wenn diese Kennung nicht eindeutig ist oder – obwohl erforderlich – weggelassen wurde.

-s Die Ausgabe der ursprünglich geplanten Delta-Identifikationszeichenkette auf der Standardausgabe wird unterdrückt.

-n Die Datei, deren Eintrag normalerweise aus dem aktuellen Verzeichnis entfernt würde, bleibt dort bestehen.

val – Ermitteln von SCCS-Dateien

SYNTAX:

val -
val [-s] [-r*SID*] [-m*Name*] [-y*Typ*] *Datei* ...

BESCHREIBUNG:

Val ermittelt, ob die angegebene Datei eine SCCS-Datei ist und fügt die in der optionalen Argumentenliste spezifizierten Merkmale ein.

Argumente zu val können beliebig eingegeben werden. Die Argumente setzen sich aus Schlüsselbuchstaben (beginnend mit '-') und Dateinamen zusammen.

Geben Sie '-' an, liest val solange aus der Standardeingabe, bis das EOF-Zeichen erkannt wird. Jede einzelne gelesene Zeile wird als Kommando-Zeile interpretiert.

Val gibt für jede ausgeführte Kommando-Zeile und Datei auf der Standardausgabe eine Meldung aus. Nach Beendigung der Befehlsausführung wird ein 8-Bit-Code zurückgegeben.

Jeder Schlüsselbuchstabe wird, unabhängig von der Reihenfolge seiner Eingabe, auf jede Datei angewandt, die in der Kommando-Zeile angegeben ist. Die Optionen sind folgendermaßen definiert:

-s Unterdrückt die Fehlermeldungen, die normalerweise für jeden Fehler ausgegeben werden.

-r*SID* Das Argument *SID* (Identifikationszeichenkette) ist eine SCCS-Deltanummer. Sie wird auf Mehrdeutigkeit bzw. Richtigkeit überprüft. Ist die angegebene SID weder ungültig noch mehrdeutig, wird überprüft, ob sie z. Z. vorhanden ist.

-m*Name* Der Wert von *Name* wird mit dem SCCS-%M%-Schlüsselwort in der angegebenen Datei verglichen.

-y*Typ* Der Wert von *Typ* wird mit dem SCCS-%Y%-Schlüsselwort in der angegebenen Datei verglichen.

HINWEIS:

Val kann bis zu fünfzig Dateien in einer einzelnen Kommandozeile bearbeiten. Die Angabe von mehr als fünfzig Dateien führt zu einem Programmabbruch.

what – Anzeige der Versionen von SCCS-Dateien

SYNTAX:

what *Datei* ...

BESCHREIBUNG:

What liest die Eingabedateien und sucht nach Sequenzen in der Form '@(#)', die von SCCS eingefügt wurden. Anschließend wird der Rest der Zeichenkette hinter diesem Merker ausgegeben bis zu einem Null-Zeichen, neue Zeile, Doppelpunkt oder '>'-Zeichen.

6.5 Spezielle Kommandos

6.5.1 Ein- und Ausgabe

line – Lesen einer Zeile

SYNTAX:

line

BESCHREIBUNG:

Line kopiert eine Zeile aus der Standardeingabe und schreibt sie in die Standardausgabe.
Nach Eingabe der END-Taste liefert line den Rückgabe-Code 1.

Line wird in Shell-Dateien häufig benutzt, um Eingaben des Benutzers zu lesen.

tee – Duplizieren der Standardeingabe

SYNTAX:

tee [-ia] [*Datei*] ...

BESCHREIBUNG:

Tee überträgt die Eingaben der Standardeingabe in die Standardausgabe und schreibt die Daten gleichzeitig in die angegebenen Dateien.

Optionen:

-i Ignorieren des Unterbrechungssignals.

-a Anhängen der Daten an bestehende Dateiinhalte.

6.5.2 Berechnung

test – Überprüfen von Datei-Stati und Parameterwerten

SYNTAX:

test *Ausdruck*

[*Ausdruck*]

BESCHREIBUNG:

Jedes Programm und jeder Befehl gibt bei seiner Beendigung einen sogenannten Rückgabe-Code in Form einer Dezimalzahl an die Shell zurück.
Ein Code gleich Null entspricht normaler Beendigung, ein Code ungleich Null fehlerhafter Beendigung oder Abbruch.

Mit test haben Sie die Möglichkeit, einen Datei-Status oder den Wert eines Parameters oder einer Variablen zu prüfen. Test vergleicht den in *Ausdruck* vorgegebenen Prüfwert mit der angegebenen Datei und liefert den Rückgabe-Code 0, wenn dieser Wert übereinstimmt bzw. ungleich 0, wenn die Überprüfung falsch ergibt. Der Rückgabe-Code ist auch dann ungleich Null, wenn keine Argumente angegeben wurden.

Der Befehl kann folgendermaßen verwendet werden:

-r *Datei* Wahr, wenn die Datei vorhanden ist und gelesen werden kann.

-w *Datei* Wahr, wenn die Datei vorhanden ist und beschrieben werden kann.

-x *Datei* Wahr, wenn die Datei vorhanden ist und ausgeführt werden kann.

-f *Datei* Wahr, wenn die Datei vorhanden und eine Datendatei ist.

-d *Datei* Wahr, wenn die Datei vorhanden und ein Verzeichnis ist.

-c *Datei* Wahr, wenn die Datei vorhanden ist, und es sich um eine zeichenorientierte Datei handelt.

-b *Datei* Wahr, wenn die Datei vorhanden ist, und es sich um eine blockorientierte Datei handelt.

-p *Datei* Wahr, wenn die Datei vorhanden ist, und es sich um eine benannte Pipe handelt.

-u *Datei* Wahr, wenn die Datei vorhanden und 'set user ID' gesetzt ist.

-g *Datei* Wahr, wenn die Datei vorhanden und 'set group ID' gesetzt ist.

-k *Datei* Wahr, wenn die Datei vorhanden und das Textsegment-Bit gesetzt ist.

-s *Datei* Wahr, wenn die Datei vorhanden und nicht leer ist.

-t *Dateibeschreibungsnummer*
Wahr, wenn die Datei mit der angegebenen Dateibeschreibungsnummer (Standard = 1) mit einem Terminal verbunden ist.

-z *Zeichenkette*
Wahr, wenn die Länge der angegebenen Zeichenkette 0 ist.

-n *Zeichenkette*
Wahr, wenn die Länge der angegebenen Zeichenkette nicht 0 ist.

Zeichenkette1 = *Zeichenkette2*
Wahr, wenn die angegebenen Zeichenketten identisch sind.

Zeichenkette1 != *Zeichenkette2*
Wahr, wenn die angegebenen Zeichenketten nicht identisch sind.

Zeichenkette
Wahr, wenn die angegebene Zeichenkette nicht leer ist.

Zeichenkette1 -eq *Zeichenkette2*
Wahr, wenn die angegebenen Zeichenketten Zahlen enthalten und sich beim algebraischen Vergleich als identisch erweisen.

Für den Vergleich können anstelle von -eq auch

-ne not equal = ungleich,

-gt greater than = größer als,

-ge greater equal = größer gleich,

-lt less than = kleiner als und

-le less equal = kleiner gleich verwendet werden.

Alle Ausdrücke können durch die nachfolgenden Möglichkeiten miteinander verknüpft werden:

! Logische Verneinung.

-a Logisches 'und'.

-o Logisches 'oder'.

(*Ausdruck*) Bei Gruppenbildung müssen Klammern gesetzt werden. Dabei ist die Bedeutung der Klammern für die Shell zu beachten!

HINWEIS:

Benutzen Sie die zweite Kommandoform – eckige Klammern statt test –, müssen Sie vor **und** hinter jeder Klammer jeweils ein Leerzeichen angeben.

6.5.3 Prozesse, Prioritäten und Umgebung

xargs – Erstellen von Argumentlisten und Ausführen von Befehlen

SYNTAX:

xargs [*Optionen*] [*Befehl* [*Initial-Argumente*]]

BESCHREIBUNG:

Xargs kombiniert die angegebenen ***Initial-Argumente*** mit den von der Standardeingabe gelesenen Argumenten und führt den genannten ***Befehl*** einmal oder mehrmals aus. Die spezifizierten Optionen bestimmen dabei die Anzahl Argumente, die bei jedem Aufruf des Befehls gelesen werden sowie die Art und Weise, wie sie miteinander kombiniert werden.

Der Befehl kann eine Shell-Datei sein; das Programm sucht ihn mit Hilfe von $PATH. Geben Sie keinen Befehl an, wird /bin/echo eingesetzt.

Die von der Standardeingabe eingelesenen Argumente sind zusammenhängende Zeichenketten, die durch ein oder mehrere Leerzeichen, Tabulatoren oder Zeilenende-Zeichen voneinander getrennt werden. Leere Zeilen werden gelöscht.
Leerzeichen oder Tabulatoren können als Teil eines Arguments angegeben werden, wenn dieses Argument in Hochkommata eingeschlossen wird. Geben Sie einzelne Zeichen in Hochkommata an, werden diese „wörtlich" genommen; die begrenzenden Hochkommata werden entfernt.
Außerhalb einer in Hochkommata eingeschlossenen Zeichenkette dient der Backslash (\) dazu, das nächste Zeichen außer Kraft zu setzen.

Jede Argumentliste beginnt mit den „Initial-Argumenten", gefolgt von den Argumenten, die das Programm von der Standardeingabe liest (Ausnahme: die Option '-i').

Die Optionen '-i', '-l' und '-n' regeln, wie die Argumente für den Befehlsaufruf ausgewählt werden. Geben Sie keine dieser Optionen an, folgen auf die „Initial-Argumente" die von der Standardeingabe fortlaufend gelesenen Argumente, bis die Speicherkapazität des internen Puffers erschöpft ist. Dann führt das Programm den angegebenen Befehl mit allen Argumenten aus. Dieser Vorgang wird solange wiederholt, bis keine Argumente mehr vorhanden sind. Geben Sie Optionen an, die einander ausschließen – z. B. '-l' und '-n' –, hat die letzte Option Vorrang.

-l[*Anzahl*] Der Befehl wird für die angegebene Anzahl nicht leerer Argumentzeilen, die aus der Standardeingabe gelesen werden, ausgeführt.
Das Ende einer Zeile erkennt das Programm an dem ersten Zeilenende-Zeichen, falls das letzte Zeichen kein Leerzeichen oder ein Tabulator ist; dieses signalisiert die Fortsetzung in der nächsten beschriebenen Zeile.
Geben Sie *Anzahl* nicht an, wird standardmäßig 1 ausgeführt. Die Option '-x' tritt in Kraft.

-i[*Einfügung*] Einfügen. Der angegebene Befehl wird für jede Zeile der Standardeingabe ausgeführt, wobei eine Zeile einem einzigen Argument entspricht, das jedesmal, wenn *Einfügung* vorkommt, in die Initial-Argumente eingefügt wird. Maximal 5 Argumente in den Initial-Argumenten dürfen ein oder mehrere *Einfügungen* enthalten.

Leerzeichen und Tabulatoren am Anfang einer Zeile werden gelöscht. Die erstellten Argumente dürfen maximal 255 Zeichen lang sein; die Option '-x' tritt in Kraft. Geben Sie *Einfügung* nicht an, wird {} als Standard angenommen.

-n[*Anzahl*] Dieses Argument bewirkt, daß bei der Befehlsausführung so viele Argumente wie möglich – maximal bis zu der angegebenen *Anzahl* – von der Standardeingabe angewendet werden. Weniger Argumente werden dann verwendet, wenn ihre Gesamtgröße die Zeichengröße (s. Option -s*Größe*) übersteigt und wenn beim letzten Aufruf des Befehls weniger Argumente übrigbleiben als in *Anzahl* angegeben ist.

Verwenden Sie zusätzlich die Option '-x', muß jede Anzahl von Argumenten in die festgelegte Größenordnung passen, anderenfalls wird die Ausführung von xargs beendet.

-t Trace-Modus: Der Befehl und jede erstellte Argumentliste werden unmittelbar vor der Ausführung in die Standard-Fehlerausgabe geschrieben.

-p Interaktiver Modus. Sie werden gefragt, ob der Befehl bei jedem Aufruf ausgeführt werden soll.
Der Trace-Modus '-t' wird eingeschaltet, und der Befehl der ausgeführt werden soll, wird – mit einem Fragezeichen versehen – angezeigt.
Antworten Sie mit 'y' (yes), wird der Befehl ausgeführt. Eine beliebige andere Eingabe oder Auslösen der CR-Taste bewirkt, daß der Befehl übergangen wird.

-x Diese Option führt zu einem Programmabbruch, wenn eine der Argumentlisten die Zeichengröße (s. Option '-s*Größe*') übersteigt. Diese Option wird durch '-i' und '-l' aufgerufen. Verwenden Sie keine der Optionen '-i', '-l' oder '-n', muß die Gesamtlänge aller Argumente innerhalb der angegebenen Zeichengröße liegen.

-s*Größe* Die Maximalgröße jeder Argumentliste ist abhängig von der in dieser Option angegebenen Anzahl Zeichen. *Größe* muß eine positive Zahl <= 470 sein. Verwenden Sie diese Option nicht, wird ein Größe von 470 Zeichen angenommen.

Sie müssen beachten, daß im Zähler von *Größe* ein zusätzliches Zeichen für jede Argumentliste und die Anzahl Zeichen des Befehlsnamens enthalten ist.

-e[*Dateiende*] *Dateiende* ist die Zeichenkette, die das logische Dateiende (end of file) kennzeichnet.
Geben Sie '-e' nicht an, wird der Unterstrich (_) als Dateiende-Kennung angenommen. Verwenden Sie '-e' ohne *Dateiende*, verliert der Unterstrich diese Bedeutung und wird als Unterstreichung interpretiert.
Xargs liest solange von der Standardeingabe, bis entweder das Dateiende erreicht ist oder eine Kennung für das logische Dateiende angetroffen wird.

Das Programm wird beendet, wenn es entweder eine Rücksprunganweisung (-1) erhält oder der Befehl nicht ausgeführt werden kann. Ist der Befehl eine Shell-Prozedur, sollte diese mit einem zugeordneten Wert beendet werden (s. sh), um einen zufälligen Rückgabe-Code von -1 zu vermeiden.

Beispiele:

1. Im folgenden Beispiel werden alle Dateien mit Hilfe des move-Befehls vom Verzeichnis $1 in das Verzeichnis $2 verschoben. Dabei wird vor der Ausführung jedes move eine Meldung ausgegeben:

   ls $1 | xargs -i -t mv $1/{} $2/{}

2. Im folgenden Beispiel erfolgt die Ausgabe der eingeklammerten Befehle in einer einzigen Zeile, die dann an das Ende der Datei mit Namen log angehängt wird:

   (logname; date; echo $0 $*) | xargs >> log

3. In diesem Beispiel wird der Benutzer gefragt, welche der im aktuellen Verzeichnis enthaltenen Dateien in der Datei mit Namen Archiv archiviert werden sollen:

   - Die Dateien werden nacheinander kopiert:

     ls | xargs -p -l ar r Archiv

   - Mehrere Dateien werden gleichzeitig kopiert:

     ls | xargs -p -l xargs ar r Archiv

4. Im nachstehenden Beispiel wird der Befehl diff mit nacheinander eingegebenen Argumentenpaaren ausgeführt, die wie Shell-Argumente angegeben sind:

   echo $* | xargs -n2 diff

nice — Ausführung eines Kommandos mit niedriger Priorität

SYNTAX:

nice [-*n*] *Kommando* [*Argument* ...]

BESCHREIBUNG:

Nice weist dem angegebenen Kommando eine niedrigere CPU-Priorität zu. Die Priorität kann zwischen 1 und 19 angegeben werden (hoher Prioritätswert bedeutet niedrige Priorität); um diese Zahl wird der aktuelle Prioritätswert erhöht. Der Standardwert für *n* ist 10.

Der Superuser darf negative Werte angeben (z. B. --10), d. h. die Priorität wird entsprechend erhöht.

nohup – Ignorieren der Signale Abbruch, Unterbrechung und Leitungsunterbrechung

SYNTAX:

nohup *Kommando* [*Argument* ...]

BESCHREIBUNG:

Nohup führt das als Parameter angegebene Kommando in der Form aus, daß dieses die Signale Abbruch, Unterbrechung und Leitungsunterbrechung ignoriert.

Wird die Ausgabe des mit nohup aufgerufenenen Kommandos nicht umgeleitet, wird sie in der Datei nohup.out im aktuellen Verzeichnis abgestellt. Ist dies nicht möglich (fehlende Schreiberlaubnis), wird die Ausgabe nach $HOME/nohup.out geschrieben.

wait – Warten auf Beendigung aller Hintergrundprozesse

SYNTAX:

wait

BESCHREIBUNG:

Wait wartet die Beendigung aller Prozesse ab, die mit '&' im Hintergrund gestartet wurden. Ein eventueller Abbruch von Prozessen wird gemeldet.

Da der wait-Systemaufruf im Vaterprozeß ausgeführt werden muß, führt die Shell selbst den Befehl aus, ohne einen neuen Prozeß zu kreieren.

sleep – Verzögerung der Ausführung eines Prozesses

SYNTAX:

sleep *Zeit*

BESCHREIBUNG:

Sleep verzögert die Ausführung eines Prozesses um die in *Zeit* angegebenen Sekunden.

env – Änderung der Umgebung bei Ausführung von Kommandos

SYNTAX:

env [-] [*Name=Wert*] ... [*Kommando* ...]

BESCHREIBUNG:

Env führt das als Parameter angegebene Kommando in einer erweiterten oder veränderten Umgebung aus. Argumente in der Form *Name=Wert* werden zu der ursprünglichen Umgebung hinzugefügt bzw. überlagern den ursprünglichen Wert von *Name*, bevor das Kommando ausgeführt wird.
Die Option '-' bewirkt, daß die ursprüngliche Umgebung vollkommen ignoriert wird, so daß das Kommando in der spezifizierten Umgebung ausgeführt wird.

Rufen Sie env ohne Argumente auf, wird die bestehende Umgebung angezeigt. Jedes Name=Wert-Paar wird in einer Zeile angedruckt.

A1 Stichwortverzeichnis

3.2.6
& 2.1.4
&& 3.3.3
* 2.3
/ 2.2.3
: 3.1.1, 3.2.6
; 3.3.1
< 2.1.1
> 2.1.1
>> 2.1.1
? 2.3
[!] 2.3
[] 2.3
"" 3.2.1
´´ 3.2.2
\ 3.2.2
`` 3.2.5
{} 3.2.1
| 2.1.3, 3.3.3
|| 3.3.3
$ 3.2.1
$! 3.2.3
$# 3.2.3
$$ 3.2.3
$* 3.2.3
$- 3.2.3
$? 3.2.3
$HOME 3.2.3
$MAIL 3.2.3
$PATH 3.1.1, 3.2.3
$PS1 3.2.3
$PS2 3.2.3
$SHELL 3.2.3
$TERM 3.2.3
$USER 3.2.3

Accent Grave 3.2.5
admin 6.4.2
Änderungsdatum aktualisieren 4.2.1
Alias-Name 2.2.4
anmelden 2, 4.1.1
Argumente ausgeben 4.1.3
Argumente berechnen 4.4
Argumentlisten erstellen 6.5.3
as 6.2.2
Ausführung, bedingte 3.3.3
Ausführungsberechtigung 2.2.5
awk 4.3.1

Backslash 2.3
bdiff 4.3.2
Benutzer-Namen 2
Benutzergruppen 2.2.5
Benutzerkennung anzeigen 4.1.1
break 3.3.4

C-Compiler 6.2.2
C-Programme formatieren 6.2.2
c2 6.2.2
calendar 5.1.2
cancel 4.3.4
case 3.3.3
cat 2.1.1, 4.3.4
cb 6.2.2
cc 6.2.2
ccom 6.2.2
ccp 6.2.2
cd 2.2.2, 4.2.4
cdc 6.4.2
cflow 6.2.2
chgrp 4.2.3
chmod 2.2.5, 4.2.3
chown 4.2.3
cmp 4.3.2
comb 6.4.2
comm 4.3.2
continue 3.3.4
cp 4.3.4
Crossreferenzlisten 6.2.2
cxref 6.2.2

date 5.1.1
Datei, normale 2.2.1
Dateiart 2.2.1
Dateibeschreibungsnummer 3.4.1
Dateien anzeigen 4.3.1, 4.3.2, 4.3.4
Dateien löschen 4.2.1
Dateien mischen 4.3.1
Dateien sortieren 4.3.1
Dateien suchen 4.3.1
Dateien umbenennen 4.2.1
Dateien vergleichen 4.3.2
Dateien verketten 4.3.4
Dateien verschieben 4.2.1
Dateiinhalte ausgeben 6.3.1
Dateiinhalt zählen 4.3.3
Dateisystem 2.2
Dateiteile anzeigen 4.3.1
Dateiunterschiede ermitteln 4.3.2
Datum anzeigen 5.1.1
Datum einstellen 5.1.1
dd 4.3.3

delta 6.4.2
diff 4.3.2
diff3 4.3.2
disable 4.3.4
do 3.3.4
done 3.3.4
Druckauftrag erteilen 4.3.4
Druckauftrag löschen 4.3.4
du 4.2.1
Dump 6.3.1

echo 2.1.2, 4.1.3
ed 6.1.1
egrep 4.3.1
Eigentümer 2.2.5
Eigentümer ändern 4.2.3
elif 3.3.3
else 3.3.3
enable 4.3.4
endwrite 3.4.2
env 3.7.1, 6.5.3
Erlaubnisstatus 2.2.5
Erinnerungs-Service 5.1.2
esac 3.3.3
Escape-Mechanismen 3.2.2
exit 3.3.2
export 3.7.2
expr 4.4

fgrep 4.3.1
find 4.3.1

Gerätedatei 2.2.1
get 6.4.2
grep 4.3.1
Gruppe 2.2.5
Gruppe ändern 4.2.3
Gruppe wechseln 4.1.1
Gruppenkennung anzeigen 4.1.1

Hierarchie 2.2.3
Hintergrundverarbeitung 2.1.4

id 4.1.1
if 3.3.3
Interrupt-Signale 3.6
Interrupt-Signale senden 4.1.4

kill 4.1.4
Kindprozeß 3.5.3
Kommando-Ketten 3.3.3
Kommandoausführung verzögern 6.5.3
Kommandopriorität ändern 6.5.3
Kommentar, interpretierter 3.2.6
Kommentar, nicht-interpretierter 3.2.6
Kontrollflußdiagramme 6.2.2
konvertieren 4.3.3
kopieren 4.3.4

ld 6.2.2
Leseberechtigung 2.2.5
line 6.5.1
Link 2.2.4
lint 6.2.2
ln 2.2.4, 4.2.2
Login-Verzeichnis 2.2.3
login 2, 4.1.1
Login-Namen anzeigen 4.1.1
logname 4.1.1
lp 4.3.4
lpstat 4.3.4
ls 2.1.1, 4.2.1
Löschberechtigung 2.2.5

mail 5.2.1
make 6.4.1
mitalc 6.2.2
mkdir 2.2.2, 4.2.1
mv 4.2.1

Nachrichten senden 5.2.2
newgrp 4.1.1
news 5.2.3
nice 6.5.3
nl 4.3.1
nohup 6.5.3

od 6.3.1
Option 2.1.2

Parameter 2.1.2
Parameter, formale 3.2.1
Parameter, symbolische 3.7.1
Pascal-Compiler 6.2.3
passwd 4.1.1
Pattern matching 2.3
Paßwort 2
Paßwort ändern 4.1.1
Paßwort eingeben 4.1.1
pc 6.2.3
Pfadname 2.2.3
Pfadname, relativer 2.2.3
Pfadname, voller 2.2.3
Pipe 2.1.3
pr 2.1.3, 4.3.1
Prozeß-Status anzeigen 4.1.2
prs 6.4.2
ps 2.1.2
pwd 2.2.3, 4.2.4

read 3.3.4
readonly 3.7.2

rm 2.2.2, 4.2.1
rmdel 6.4.2
rmdir 2.2.2, 4.2.1
root 2.2.3
Rückgabe-Code 3.3.2

sact 6.4.2
SCCS-Dateien anlegen 6.4.2
SCCS-Dateien ausgeben 6.4.2
SCCS-Dateien ermitteln 6.4.2
SCCS-Dateien verwalten 6.4.2
SCCS-Dateiversionen anzeigen 6.4.2
SCCS-Dateiversionen erzeugen 6.4.2
SCCS-Delta 6.4.2
SCCS-Delta löschen 6.4.2
SCCS-Deltas zusammenfassen 6.4.2
sccsdiff 6.4.2
Schlüsselwort 2
Schreibberechtigung 2.2.5
sdiff 4.3.2
sed 6.1.2
set 3.7.3
Set-Group-ID-Bit 4.2.1
Set-User-ID-Bit 4.2.1
sh 3.1, 6.2.1
Shell-Prozeduren 3.1
shift 3.3.4
Signale ignorieren 6.5.3
size 6.3.1
sleep 6.5.3
Sonderzeichen 3.2.2
sort 2.1.3, 4.3.1
Speicherbelegung anzeigen 4.2.1
Speicherplatz ermitteln 6.3.1
Spezialdatei 2.2.1
Standard-Editor 6.1.1
Standard-Variablen 3.2.3
Standardausgabe 2.1.1
Standardeingabe 2.1.1
Standardeingabe duplizieren 6.5.1
Stream-Editor 6.1.2
Struktur, flach 2.2.3
Struktur, mehrstufig 2.2.3
Suchberechtigung 2.2.5
Suchmuster 4.3.1
Suchpfad 3.1.1
Systemaktivitäten 6.3.2

tail 4.3.1
tee 2.1.3, 6.5.1
tee 6.5.1
Terminalname anzeigen 4.1.1
test 6.5.2
Textsegment-Bit 4.2.1
Textzeilen numerieren 4.3.1
then 3.3.3
time 6.3.2
timex 6.3.2
touch 4.2.1
tr 4.3.1
trap 3.6.2
tty 4.1.1

Uhrzeit anzeigen 5.1.1
Uhrzeit einstellen 5.1.1
umask 4.2.3
Umgebung ändern 6.5.3
unget 6.4.2
uniq 4.3.1

val 6.4.2
Variablen 3.2
Variablen, globale 3.7.2
Vaterprozeß 3.5.3
Verknüpfung erstellen 4.2.2
Verzeichnis 2.2.1
Verzeichnis, aktuelles 2.1.1
Verzeichnis umbenennen 4.2.1
Verzeichnis verschieben 4.2.1
Verzeichnisinhalte auflisten 4.2.1
Verzeichnisse anlegen 4.2.1
Verzeichnisse löschen 4.2.1
Verzweigung, einfache 3.3.3
Verzweigung, mehrfache 3.3.3
Vorgängerknoten 2.2.3
Vordergrund 2.1.4

wait 3.5.2, 6.5.3
wc 2.1.3, 4.3.3
what 6.4.2
while 3.3.4
who 2.1, 4.1.2
write 3.4.2, 5.2.2
Wurzelverzeichnis 2.2.3

xargs 6.5.3

Zeichen löschen 4.3.1
Zeichen umwandeln 4.3.1
Zeile lesen 6.5.1
Zugriffsdatum aktualisieren 4.2.1
Zugriffsmodus 2.2.5
Zugriffsrechte 2.2.5
Zugriffsrechte ändern 4.2.3
Zuweisung 3.2.1
Zuweisung, bedingte 3.2.4

A2 Shell-Kommandos

admin Anlegen und Verwalten von SCCS-Dateien 6.4.2
awk Mustererkennungs- und Verarbeitungssprache 4.3.1

bdiff Vergleichen von großen Dateien 4.3.2

calendar Erinnerungs-Service 5.1.2
cancel Druckauftrag an Zeilendrucker-Spooler löschen 4.3.4
cat Verketten und Anzeigen 4.3.4
cb Formatieren von C-Programmen 6.2.2
cc C-Compiler 6.2.2
cd Wechsel des aktuellen Verzeichnisses 4.2.4
cdc Ändern des Delta-Kommentars einer SCCS-Datei 6.4.2
cflow Kontrollflußdiagramme von C-Programmen 6.2.2
chgrp Ändern der Gruppe 4.2.3
chmod Ändern der Zugriffsrechte 4.2.3
chown Ändern der Eigentümer 4.2.3
cmp Vergleichen zweier Dateien 4.3.2
comb Zusammenfassung von SCCS-Deltas 6.4.2
comm Suchen gleicher Zeilen in zwei Dateien 4.3.2
cp Kopieren 4.3.4
cxref Crossrefenzliste von C-Programmen 6.2.2

date Anzeigen und Einstellen des Datums und der Uhrzeit 5.1.1
dd Konvertieren und Kopieren von Dateien 4.3.3
delta Einbringen eines Deltas (Veränderung) in SCCS-Dateien 6.4.2
diff Ermittlung von Dateiunterschieden 4.3.2
diff3 Vergleich von drei Dateiversionen 4.3.2
disable Zeilendrucker-Status auf nicht betriebsbereit setzen 4.3.4
du Anzeigen der Speicherbelegung 4.2.1

echo Anzeige von Argumenten 4.1.3
ed Standard-Editor 6.1.1
egrep Durchsuchen von Dateien nach Suchmustern 4.3.1

enable	Zeilendrucker-Status auf betriebsbereit setzen 4.3.4
env	Änderung der Umgebung bei Ausführung von Kommandos 6.5.3
expr	Berechnung von Argumenten 4.4
fgrep	Durchsuchen von Dateien nach Suchmustern 4.3.1
find	Suchen von Dateien 4.3.1
get	Erzeugen von Versionen einer SCCS-Datei 6.4.2
grep	Durchsuchen von Dateien nach Suchmustern 4.3.1
id	Anzeige von Benutzer- und Gruppenkennung 4.1.1
kill	Interrupt senden 4.1.4
line	Lesen einer Zeile 6.5.1
lint	Prüfung der Syntax und Semantik von C-Programmen 6.2.2
ln	Erstellen einer Verknüpfung (Link) 4.2.2
login	Anmelden in das System 4.1.1
logname	Anzeige des Login-Namen 4.1.1
lp	Druckauftrag an Zeilendrucker-Spooler senden 4.3.4
lpstat	Zeilendrucker-Statusinformationen anfordern 4.3.4
ls	Auflisten des Inhalts von Verzeichnissen 4.2.1
mail	Senden und Empfangen elektronischer Nachrichten 5.2.1
make	Pflege, Aktualisierung und Regenierung von Programmsystemen 6.4.1
mkdir	Anlegen eines Verzeichnisses 4.2.1
mv	Verschieben oder Umbenennen von Dateien oder Verzeichnissen 4.2.1
newgrp	Anmelden in eine neue Gruppe 4.1.1
news	Anzeige des Inhalts der Dateien aus /usr/news 5.2.3
nice	Ausführung eines Kommandos mit niedriger Priorität 6.5.3
nl	Numerierung von Textzeilen 4.3.1
nohup	Ignorieren der Signale Abbruch, Unterbrechung und Leitungsunterbrechung 6.5.3
od	Ausdrucken von Dateiinhalten (Dump) 6.3.1

passwd Eingeben oder Ändern des Login-Kennworts 4.1.1
pc Pascal-Compiler 6.2.3
pr Dateien ausdrucken 4.3.1
prs Ausdrucken von SCCS-Dateien 6.4.2
ps Anzeige Prozess-Status 4.1.2
pwd Anzeige aktuelles Verzeichnis 4.2.4

rm Löschen von Dateien 4.2.1
rmdel Entfernen eines Deltas aus einer SCCS-Datei 6.4.2
rmdir Löschen von Verzeichnissen 4.2.1

sact Anzeigen der Editieraktivitäten der aktuellen SCCS-Datei 6.4.2
sccsdiff Vergleich zweier Versionen einer SCCS-Datei 6.4.2
sdiff Gleichzeitige Anzeige zweier Dateien 4.3.2
sed Stream Editor 6.1.2
sh Standard-Kommandosprache 6.2.1
size Ermitteln des Speicherplatzes einer Objektdatei 6.3.1
sleep Verzögerung der Ausführung eines Prozesses 6.5.3
sort Sortieren oder Mischen von Dateien 4.3.1

tail Anzeigen des letzten Teils einer Datei 4.3.1
tee Duplizieren der Standardeingabe 6.5.1
test Überprüfen von Datei-Stati und Parameterwerten 6.5.2
time Angabe über die Laufzeit eines Programms 6.3.2
timex Generierung eines Berichts über die Systemaktivitäten 6.3.2
touch Aktualisierung der Zugriffs- und Änderungsdaten von Dateien 4.2.1
tr Umwandlung von Zeichen 4.3.1
tty Anzeigen Terminalname 4.1.1

umask Einstellen der Standardwerte für Zugriffsrechte 4.2.3
unget Rückgängigmachen eines vorausgegangenen get-Befehls 6.4.2
uniq Ermittlung doppelter Zeilen einer Datei 4.3.1

val Ermitteln von SCCS-Dateien 6.4.2

wait Warten auf Beendigung aller Hintergrundprozesse 6.5.3

wc Durchzählen von Dateiinhalten 4.3.3

what Anzeige der Versionen von SCCS-Dateien 6.4.2

who Wer arbeitet mit dem System? 4.1.2

write Senden von Nachrichten an einen anderen Benutzer 5.2.2

xargs Erstellen von Argumentlisten und Ausführen von Befehlen 6.5.3

A3 ASCII-Code-Tabelle

Darstellung der ASCII-Zeichen:

- dezimal
- oktal
- hexadezimal
- Zeichen

0	000	00	NUL	32	040	20	Blank	64	100	40	@	96	140	60	'
1	001	01	SOH	33	041	21	!	65	101	41	A	97	141	61	a
2	002	02	STX	34	042	22	"	66	102	42	B	98	142	62	b
3	003	03	ETX	35	043	23	#	67	103	43	C	99	143	63	c
4	004	04	EOT	36	044	24	$	68	104	44	D	100	144	64	d
5	005	05	ENQ	37	045	25	%	69	105	45	E	101	145	65	e
6	006	06	ACK	38	046	26	&	70	106	46	F	102	146	66	f
7	007	07	BEL	39	047	27	'	71	107	47	G	103	147	67	g
8	010	08	BS	40	050	28	(	72	110	48	H	104	150	68	h
9	011	09	HT	41	051	29	)	73	111	49	I	105	151	69	i
10	012	0A	LF	42	052	2A	*	74	112	4A	J	106	152	6A	j
11	013	0B	VT	43	053	2B	+	75	113	4B	K	107	153	6B	k
12	014	0C	FF	44	054	2C	,	76	114	4C	L	108	154	6C	l
13	015	0D	CR	45	055	2D	-	77	115	4D	M	109	155	6D	m
14	016	0E	SO	46	056	2E	.	78	116	4E	N	110	156	6E	n
15	017	0F	SI	47	057	2F	/	79	117	4F	O	111	157	6F	o
16	020	10	DLE	48	060	30	0	80	120	50	P	112	160	70	p
17	021	11	DC1	49	061	31	1	81	121	51	Q	113	161	71	q
18	022	12	DC2	50	062	32	2	82	122	52	R	114	162	72	r
19	023	13	DC3	51	063	33	3	83	123	53	S	115	163	73	s
20	024	14	DC4	52	064	34	4	84	124	54	T	116	164	74	t
21	025	15	NAK	53	065	35	5	85	125	55	U	117	165	75	u
22	026	16	SYN	54	066	36	6	86	126	56	V	118	166	76	v
23	027	17	ETB	55	067	37	7	87	127	57	W	119	167	77	w
24	030	18	CAN	56	070	38	8	88	130	58	X	120	170	78	x
25	031	19	EM	57	071	39	9	89	131	59	Y	121	171	79	y
26	032	1A	SUB	58	072	3A	:	90	132	5A	Z	122	172	7A	z
27	033	1B	ESC	59	073	3B	;	91	133	5B	[	123	173	7B	{
28	034	1C	FS	60	074	3C	<	92	134	5C	\	124	174	7C	|
29	035	1D	GS	61	075	3D	=	93	135	5D	]	125	175	7D	}
30	036	1E	RS	62	076	3E	>	94	136	5E	^	126	176	7E	~
31	037	1F	US	63	077	3F	?	95	137	5F	_	127	177	7F	DEL

J. Gulbins

UNIX

Eine Einführung in UNIX, seine Begriffe und seine Kommandos

1984. IX, 414 Seiten. (Springer Compass)
Gebunden DM 59,–. ISBN 3-540-13242-2

Inhaltsübersicht: Einleitung. – Die Entwicklung von UNIX. – Erste Schritte in UNIX. – Konzepte und Begriffe des UNIX-Systems. – Die Kommandos des UNIX-Systems. – Editoren. – Die Shell als Kommandointerpretierer. – Programmentwicklung unter UNIX. – Textverarbeitung unter UNIX. – Systemanschlüsse und C-Bibliotheksfunktionen. – Systemverwaltung und Systempflege. – Übersichten und Tabellen. – Literaturverzeichnis. – Sachregister.

Diese Einführung in das Betriebssystem UNIX macht den Leser mit der Terminologie des Systems vertraut und stellt die Konzepte von UNIX vor. Viele in der Standard-UNIX-Dokumentation verstreuten Einzelheiten werden hier zusammenhängend in Übersichtskapiteln dargestellt. Neben einer vollständigen Kommandoübersicht (UNIX-Version III) werden die am häufigsten benutzten Kommandos detailliert und mit Beispielen versehen beschrieben. Den Themen „Editoren", „Textformatierung", „Systemanschlüsse" und „Systempflege" sind zusätzliche Kapitel gewidmet.

Ziel des Buches ist es, dem Benutzer den Einstieg in UNIX zu erleichtern und ihm ein Nachschlagewerk für die tägliche Arbeit mit dem Rechner zu bieten.

Das Buch setzt Grundkenntnisse im DV-Bereich voraus. Es kann sowohl demjenigen dienen, der sich einen ersten Eindruck von UNIX verschaffen möchte als auch dem, der täglich mit UNIX umgeht.

Springer-Verlag
Berlin
Heidelberg
New York
Tokyo

UNIX transparent

Herausgeber: **F. Bach, P. Domann, W. Remmele**

1985. 51 Abbildungen. XIII, 207 Seiten
Gebunden DM 56,–. ISBN 3-540-15150-8

Inhaltsübersicht: UNIX-Überblick. – UNIX im Bürobereich. – Verwaltung von Datenbeständen unter UNIX. – UNIX in der Software-Entwicklung. – Integration von UNIX in bestehende DV-Systeme. – UNIX auf Arbeitsplatzrechnern. – Die Ergonomie von UNIX. – Migration von Programmen, Daten und Verfahren auf UNIX. – UNIX im CAD-Bereich.

Das Betriebssystem UNIX hat sich durch seine einfache Portierbarkeit auf unterschiedliche Hardwarekonfigurationen und den großen Umfang der dazu am Markt erhältlichen Anwendersoftware weltweit als ein De-facto-Standard herausgebildet. Trotzdem ist der Einsatz von UNIX nicht in allen Fällen unproblematisch. Es können zum Beispiel Schwierigkeiten auftreten, wenn unterschiedliche Versionen von UNIX eingesetzt werden, UNIX-Anwendungen auf bestehende Verfahren aufgebaut werden müssen, UNIX neu eingeführt wird usw. Lösungen für die meisten der genannten Probleme gibt es bereits – nur wurden sie üblicherweise unternehmens- oder projektspezifisch entwickelt. Um diese einem breiten Publikum näherzubringen, wurde das vorliegende Buch **UNIX transparent** geschrieben. Es macht diese Lösungen auch anderen zugänglich und erläutert den Einsatz von UNIX und von Produkten auf UNIX-Basis unter gegebenen Randbedingungen. Es soll dem Softwareentwickler die Einsatzmöglichkeiten von UNIX zeigen, die zentralen Konzepte deutlich machen und eine Hilfestellung für die Einführung von UNIX bieten.

Springer-Verlag
Berlin
Heidelberg
New York
Tokyo